U0901344

《2004 中国连锁餐饮企业统计年鉴》编辑委员会

2004

中国连锁餐饮企业统计年鉴

2004 STATISTICAL YEARBOOK OF CHINA RESTAURANTS IN CHAIN

国家统计局贸易外经统计司　编

Complied by
Department of Trade and External Economic Relation Statistics,
National Bureau of Statistics, People's Republic of China

中国工商出版社
China Industry and Commerce Press

责任编辑 袁　泉
封面设计 SUN 工作室

图书在版编目（CIP）数据
2004 中国连锁餐饮企业统计年鉴/国家统计局贸易外经统计司编.—北京:中国工商出版社,2004.4
ISBN 7-80012-933-0
Ⅰ.2… Ⅱ.国… Ⅲ.饮食业-企业经济-统计资料-中国-2004-年鉴 Ⅳ.F719.3-66
中国版本图书馆 CIP 数据核字(2004)第 030695 号

书名/2004 中国连锁餐饮企业统计年鉴
编者/国家统计局贸易外经统计司

出版·发行/中国工商出版社
经销/新华书店
印刷/北京柏川印刷厂
开本/880 毫米×1230 毫米 1/16　**印张**/11.375　**字数**/205.84 千字
版本/2004 年 5 月第 1 版　2004 年 5 月第 1 次印刷
印数/01-500 册

社址/北京市丰台区花乡育芳园东里 23 号(100070)
电话/(010)63730074,63748686　**电子邮箱**/zggscbs@263.net

书号/ISBN 7-80012-933-0/F·484
定价/180.00 元

编 辑 说 明

一、《2004中国连锁餐饮企业统计年鉴》是我国首次出版的反映大型连锁餐饮企业全貌的资料性工具书，旨在通过大量丰富、详实、具体、权威的统计数据，全面系统和多角度地反映中国连锁餐饮企业发育和发展的情况。本年鉴是各级经济和企业管理部门、科研机构与大专院校分析研究餐饮企业、进行宏观调控和科学决策、理论研究和教学的重要资料；也是生产经营单位了解市场、获取餐饮企业信息的必备参考用书。

二、本年鉴分为六部分：1.专文；2.社会消费品零售总额；3.限额以上连锁餐饮企业概况；4.配送中心分布情况；5.连锁餐饮企业按门店排序；6.连锁餐饮企业按营业收入排序。为便于读者阅读，书末附有主要统计指标解释。

三、年鉴中限额以上连锁餐饮企业统计范围为2003年度年营业收入200万元及以上，年末从业人员40人及以上企业。西藏自治区未进行调查。

四、年鉴中时期数据为2003年年度数据，时点数据为2003年年末数据。全国性数据均不包括台湾省、香港特别行政区和澳门特别行政区。

目录　CONTENTS

目录 CONTENTS

目录 CONTENTS

编 辑 说 明

一、《2004 中国连锁餐饮企业统计年鉴》是我国首次出版的反映大型连锁餐饮企业全貌的资料性工具书，旨在通过大量丰富、详实、具体、权威的统计数据，全面系统和多角度地反映中国连锁餐饮企业发育和发展的情况。本年鉴是各级经济和企业管理部门、科研机构与大专院校分析研究餐饮企业、进行宏观调控和科学决策、理论研究和教学的重要资料；也是生产经营单位了解市场、获取餐饮企业信息的必备参考用书。

二、本年鉴分为六部分：1. 专文；2. 社会消费品零售总额；3. 限额以上连锁餐饮企业概况；4. 配送中心分布情况；5. 连锁餐饮企业按门店排序；6. 连锁餐饮企业按营业收入排序。为便于读者阅读，书末附有主要统计指标解释。

三、年鉴中限额以上连锁餐饮企业统计范围为 2003 年度年营业收入 200 万元及以上，年末从业人员 40 人及以上企业。西藏自治区未进行调查。

四、年鉴中时期数据为 2003 年年度数据，时点数据为 2003 年年末数据。全国性数据均不包括台湾省、香港特别行政区和澳门特别行政区。

目录 CONTENTS

目录 CONTENTS

目录 CONTENTS

目录 CONTENTS

1

专　　文

我国餐饮业连锁经营现状和特点

2003 年我国拥有限额以上连锁餐饮业法人企业 236 家，门店数 5451 个，比上年增加 700 多个，增长 15%；营业面积 367.8 万平米，比上年增长 14.4%；从业人员 30.2 万人，比上年减少 13.6 万人，下降 31%；营业收入 252.9 亿元，比上年增长 26.2%；零售额 244.4 亿元，比上年增长 26.4%。

一、现状

(一)部分地区连锁餐饮业零售额增幅明显

2003 年限额以上连锁餐饮业零售额占餐饮业零售额的 4%，比上年的 3.6%增加了 0.4 个百分点。内蒙古、北京、重庆、天津、上海的限额以上连锁餐饮业零售额已占当地餐饮业零售额的 10%以上，其中内蒙古和北京占 30%以上。内蒙古、重庆两地限额以上连锁餐饮业零售额的增幅高达 1 倍多；黑龙江增幅达 45%；山东、浙江、江苏三地增幅超过 30%；湖南、江西增幅超过 20%；上海、贵州、四川、福建、陕西、天津和安徽增幅也超过了 10%。全国 80%以上的地区限额以上连锁餐饮业零售额均有不同程度的增长。

(二)连锁餐饮企业业态仍以正餐和快餐为主

2003 年在限额以上连锁餐饮业法人企业 236 家中，正餐企业 143 家，占 60.1%，快餐企业 78 家，占 33.1%，这两类业态占限额以上连锁餐饮企业的 90%以上。其中连锁正餐业拥有的门店数占限额以上连锁餐饮业门店数的 51.3%，快餐业占 36.1%，尽管连锁正餐业门店数在连锁餐饮业门店数中占有绝对优势，2003 年又同比增加了近 300 个，但所占比重比 2002 年下降了 1.6 个百分点，而连锁快餐业不仅门店数同比增加了 300 余个，而且比重也同比增加了 1.1 个百分点。

2003 年连锁正餐业和快餐业营业收入分别增长了 36%和 16.9%，连锁正餐业和快餐业营业收入占限额以上连锁餐饮业营业收入的 97.4%，比上年增加 0.5 个百分点，其中连锁正餐业营业收入的比重由 2002 年的 50.6%增至 2003 年的 54.5%，快餐业营业收入的比重由 2002 年的 46.3%降至 2003 年的 42.9%。

(三)连锁餐饮企业东部、中部地区比较集中

2003 年全国连锁餐饮企业 10 家以上的地区依次有北京、广东、湖北、上海、浙江、江苏、福建和天津。这些地区的连锁餐饮企业已占全国的 63.6%，其中北京的连锁餐饮企业占全国约 20%。

连锁餐饮业门店东部地区占 61.6%，中部地区占 18.2%，西部地区占 20.1%，北京、天津、上海、广东四地连锁餐饮业门店占全国的 41.2%，连锁餐饮业营业收入东部地区占 64.3%，中部地区占 23.5%，西部地区占 12.2%，尽管东部地区连锁餐饮业营业收入占有绝对的优势，但其增幅明显低于中部和西部地区。西部地区的内蒙古、重庆两地的连锁餐饮业营业收入占全国的 14.1%和 8%，分别比上年增长了 5.7 和 3.4 个百分点，而北京、广东、天津、上海四地的连锁餐饮业营业收入虽然已占全国的 42.5%，但却分别同比下降了 2.9、1.9、0.7 和 0.6 个百分点。

(四)内资连锁餐饮企业发展缓慢，外资连锁餐饮企业所占份额增加

2003 年连锁餐饮业内资企业门店数虽然占全部连锁餐饮企门店数的 64.9%，但却同比下降了 2.6 个百分点，内资企业中除集体企业门店所占比重增长 0.1 个百分点，股份合作企业、股份有限公司所占份额同比持平外，国有企业、有限责任公司、私营企业所占份额均同比下降，而港澳台商投资和外商投资的连锁餐饮企业门店数已分别占 8.1%和 27%，同比增长了 1.5 和 1.1 个百分点。

2003 年连锁餐饮业内资企业的营业收入占全部连锁餐饮企业营业收入的 50.5%，比上年增加 3.6 个百分点，主要是有限责任公司、私营企业所占份额增加所致，在内资企业中国有企业营业收入所占份额下降了 1.1 个百分点。港澳台商投资和外商投资的连锁餐饮企业的营业收入虽比上年下降 0.8 和 2.8 个百分点，但其所占份额已达 49.5%，特别是外商投资的连锁餐饮企业的营业收入已占 40.4%。

(五)超大型连锁餐饮企业的主导作用显著

2003 年营业收入 5000 万元以上的连锁餐饮企业有 90 家，占限额以上连锁餐饮企业的 38.1%。营业收入 5000 万元以上的企业有门店 4499 个，占限额以上连锁餐饮企业的 82.5%，比上年增长 16.3%，5000 万元以上的连锁餐饮企业营业收入达 228.9 亿元，占限额以上连锁餐饮企业的 90.5%，比上年增长 28.4%。营业收入 5000 万元以上的连锁餐饮企业东部地区有 58 家，占 64.4%，中部地区有 19 家，占 21.1%，西部地区有 13 家，占 14.4%。

门店 10 个以上的连锁餐饮企业有 93 家，占限额以上连锁餐饮企业的 39.4%，比上年增加 11 家，

10 个以上门店的连锁餐饮企业拥有门店 4848 个，占限额以上连锁餐饮企业门店的 88.9%，比上年增长 17.1%，10 个以上门店的连锁餐饮企业营业收入达 212.2 亿元，占限额以上连锁餐饮企业营业收入的 83.9%，比上年增长 30.1%。

二、特点

(一)面向大众消费成为餐饮业经营的主流

2003 年餐饮企业面向家庭、个人消费的业务保持较高的增长态势，成为营业的主体。在 53 家亿元以上连锁餐饮企业中，快餐企业占亿元连锁餐饮企业的 52.8%，营业收入占一半以上。正餐业中以火锅店、家常菜馆最受消费者欢迎，如内蒙古小肥羊餐饮连锁有限公司、重庆小天鹅饮食文化有限公司、沈阳小土豆餐饮有限公司、北京全聚德集团有限公司等的门店数和营业收入在连锁餐饮企业中占有相当的份额。此外，与家庭消费相关的餐饮成品、半成品、速冻成品、方便食品的销售增长势头十分强劲，特色餐饮和快餐成为经营业态的主体。

(二)安全、健康、卫生的餐饮场所成为消费者的首选

受非典冲击，餐饮市场从传统的色香味型，并以味为主转为更加注重安全卫生、健康营养的消费。安全、健康的餐饮消费成为餐饮企业与消费者的共同追求，餐饮企业经营者行为规范，促进了餐饮企业质量的提高。连锁经营替代了传统餐饮业随意加工、单店作坊式经营、人为经验式的管理，使餐饮业向产业化、连锁化、集团化和现代化的方向迈进。

(三)餐饮业国际化发展迅速

连锁餐饮企业经营模式多元化的趋势明显，在全国连锁餐饮企业中，仅有 4.7%为国有企业，有限责任公司、私营企业占 17.4%和 41.1%。随着对外交流的日益频繁以及整体国力的不断提升，世界餐饮业与中国传统餐饮业的融合进一步加深。国际餐饮业巨头对华的投资与扩张也不断加强，外商投资企业已占连锁餐饮企业的 19.1%，营业收入达 102.2 亿元，占限额以上连锁餐饮企业的 40.4%。

(四)正餐业加盟连锁发展迅速，快餐业仍以直营连锁为主

2003 年限额以上连锁正餐业中有 61.5%为加盟连锁门店，所占比重比上年增长了 0.7 个百分点，营业收入占限额以上连锁正餐业的 43.2%，比上年增长了 76.2%；限额以上连锁快餐业中直营店占 95.1%，比上年下降了 1.9 个百分点，营业收入占限额以上连锁快餐业的 98%，比上年增长了 16.4%，尽管连锁快餐业中直营店占有绝对优势，但是连锁快餐业中加盟店的发展速度不容忽视，2003 年连锁快餐业中加盟店营业收入增长了 45.7%，超过了连锁快餐业中直营店营业收入的增幅近一倍。

我国餐饮业在总体快速发展的同时仍有一些不足，主要是食品污染、环境卫生差，缺乏标准化、产业化，存在手工操作、主观随意性等传统餐饮业的特征以及整体素质不高，特别是缺少管理人才和专业技术培训等，这些问题制约了企业水平的提升。因此，企业需对上述问题加以改进，在品牌和科技能力创新上下功夫。

（李敏/文）

社会消费品零售总额

2—1 社会消费品零售总额变动情况

单位：亿元

	2003 年	2002 年	增减（%）
社会消费品零售总额	45842.0	42027.1	9.1
一、按销售地区分			
市	29777.3	26986.3	10.3
县	5247.8	4860.0	8.0
县以下	10816.9	10180.8	6.2
二、按行业分			
批发零售贸易业	37692.5	34514.2	9.2
餐饮业	6065.7	5433.3	11.6
其他	2083.8	2079.6	0.2

2-2 各地区社会消费品零售总额

（2003年，按销售单位所在地分） 单位：亿元

地区	社会消费品零售总额	市	县	县以下
全国	**45842.0**	**29777.3**	**5247.8**	**10816.9**
北京	1916.7	1535.8	88.8	292.2
天津	922.3	859.2	35.3	27.8
河北	2177.9	1064.4	421.1	692.4
山西	729.3	471.3	135.2	122.8
内蒙古	726.8	449.5	166.5	110.8
辽宁	2330.8	1963.7	112.0	255.2
吉林	1110.3	857.7	76.8	175.8
黑龙江	1376.5	1019.4	186.6	170.4
上海	2220.6	1905.9	17.6	297.1
江苏	3566.5	2516.3	217.8	832.3
浙江	3157.1	1999.9	329.5	827.7
安徽	1331.2	666.6	285.6	379.0
福建	1740.4	1057.5	218.3	464.6
江西	923.2	455.3	206.6	261.3
山东	3936.5	2525.6	396.4	1014.5
河南	2426.4	1234.8	494.2	697.4
湖北	2358.7	1603.3	222.9	532.5
湖南	1816.3	997.1	332.5	486.7
广东	5606.0	3718.3	269.4	1618.3
广西	857.7	458.5	169.7	229.5
海南	191.6	128.1	16.6	46.9
重庆	835.5	482.3	112.7	240.5
四川	2091.1	1004.2	357.3	729.6
贵州	458.8	272.0	85.8	101.0
云南	782.5	425.3	180.5	176.7
西藏	58.3	26.1	25.0	7.2
陕西	853.2	565.6	149.1	138.5
甘肃	474.6	308.0	76.2	90.4
青海	102.7	66.1	24.7	11.8
宁夏	120.8	81.5	20.8	18.5
新疆	421.2	311.3	49.2	60.6

2—3　各地区社会消费品零售总额

（按行业分，2003 年）

单位：亿元

地　区	社会消费品零售总额	批发零售贸易业	餐饮业	其他行业
全　国	**45842.0**	**37692.5**	**6065.7**	**2083.8**
北　京	1916.7	1611.2	121.4	184.1
天　津	922.3	727.1	109.9	85.3
河　北	2177.9	1894.8	233.5	49.6
山　西	729.3	614.2	81.7	33.4
内蒙古	726.8	592.2	99.2	35.3
辽　宁	2330.8	1935.6	338.9	56.3
吉　林	1110.3	951.0	153.8	5.4
黑龙江	1376.5	1191.9	152.3	32.2
上　海	2220.6	1990.2	214.8	15.6
江　苏	3566.5	3072.6	434.4	59.4
浙　江	3157.1	2696.4	358.9	101.8
安　徽	1331.2	1143.7	159.4	28.2
福　建	1740.4	1423.1	211.2	106.2
江　西	923.2	812.0	85.3	25.9
山　东	3936.5	3251.7	497.2	187.6
河　南	2426.4	2009.7	343.1	73.6
湖　北	2358.7	1884.7	298.3	175.7
湖　南	1816.3	1558.4	224.6	33.3
广　东	5606.0	4681.1	877.3	47.6
广　西	857.7	716.8	115.3	25.6
海　南	191.6	150.5	31.0	10.1
重　庆	835.5	719.1	107.3	9.1
四　川	2091.1	1621.5	349.4	120.2
贵　州	458.8	374.3	75.5	9.0
云　南	782.5	635.4	124.6	22.4
西　藏	58.3	46.6	8.2	3.6
陕　西	853.2	646.3	184.3	22.6
甘　肃	474.6	388.3	66.9	19.5
青　海	102.7	83.4	16.4	2.8
宁　夏	120.8	98.8	19.6	2.3
新　疆	421.2	341.9	60.6	18.6

STATISTICAL YEARBOOK OF CHINA RESTAURANTS IN CHAIN

限额以上连锁餐饮企业概况

3—1 限额以上连锁餐饮集团数

（2003 年，按登记注册类型、业态分）

单位：个

登记注册类型	合计	正餐	快餐	咖啡店	其他餐饮业
合　　计	**236**	**143**	**78**	**1**	**14**
内资企业	**164**	**122**	**31**		**11**
国有企业	11	6	1		4
集体企业	2	1			1
股份合作企业	6	3	2		1
联营企业					
国有联营企业					
集体联营企业					
国有与集体联营企业					
其他联营企业					
有限责任公司	41	28	11		2
国有独资公司	1	1			
其他有限责任公司	39	26	11		2
股份有限公司	6	4	1		1
私营企业	97	79	16		2
私营独资企业	23	20	1		2
私营合伙企业	5	4	1		
私营有限责任公司	66	52	14		
私营股份有限公司	3	3			
其他企业	1	1			
港澳台商投资企业	**27**	**14**	**10**		**3**
港澳台商合资经营企业	12	7	5		
港澳台商合作经营企业	4	3	1		
港澳台商独资经营企业	10	4	3		3
港澳台商投资股份有限公司	1		1		
外商投资企业	**45**	**7**	**37**	**1**	
中外合资经营企业	13	3	10		
中外合作经营企业	12	3	8	1	
外资企业	19	1	18		
外商投资股份有限公司	1		1		

3—2 限额以上连锁餐饮集团构成

(2003年，按登记注册类型、业态分)

单位：%

登记注册类型	合计	正餐	快餐	咖啡店	其他餐饮业
合　　计	**100.0**	**100.0**	**100.0**	**100.0**	**100.0**
内资企业	**69.5**	**85.3**	**39.7**		**78.6**
国有企业	4.7	4.2	1.3		28.6
集体企业	0.8	0.7			7.1
股份合作企业	2.5	2.1	2.6		7.1
联营企业					
国有联营企业					
集体联营企业					
国有与集体联营企业					
其他联营企业					
有限责任公司	17.4	19.6	14.1		14.3
国有独资公司	0.4	0.7			
其他有限责任公司	16.5	18.2	14.1		14.3
股份有限公司	2.5	2.8	1.3		7.1
私营企业	41.1	55.2	20.5		14.3
私营独资企业	9.7	14.0	1.3		14.3
私营合伙企业	2.1	2.8	1.3		
私营有限责任公司	28.0	36.4	17.9		
私营股份有限公司	1.3	2.1			
其他企业	0.4	0.7			
港澳台商投资企业	**11.4**	**9.8**	**12.8**		**21.4**
港澳台商合资经营企业	5.1	4.9	6.4		
港澳台商合作经营企业	1.7	2.1	1.3		
港澳台商独资经营企业	4.2	2.8	3.8		21.4
港澳台商投资股份有限公司	0.4		1.3		
外商投资企业	**19.1**	**4.9**	**47.4**	**100.0**	
中外合资经营企业	5.5	2.1	12.8		
中外合作经营企业	5.1	2.1	10.3	100.0	
外资企业	8.1	0.7	23.1		
外商投资股份有限公司	0.4		1.3		

3—3 限额以上连锁餐饮企业情况

指　　标	计量单位	合计			直营店			加盟店		
		2003 年	2002 年	增减%	2003 年	2002 年	增减%	2003 年	2002 年	增减%
一、门店总数	个	5451	4742	15.0	3208	2746	16.8	2243	1996	12.4
二、营业面积	平方米	3677906	3214481	14.4	2443876	2081749	17.4	1234030	1132732	8.9
三、从业人数	人	302451	438385	-31.0	186093	165835	12.2	116358	272550	-57.3
四、营业收入	万元	2528999	2004102	26.2	1896253	1631192	16.2	632746	372910	69.7
五、零售额	万元	2444394	1934418	26.4	1817729	1567892	15.9	626665	366526	71.0
六、统一配送比重	%	74.0	69.4	6.6	75.8	71.9	5.4	59.0	47.9	23.2
1.自有配送中心配送比重	%	49.6	48.9	1.4	53.0	49.7	6.6	47.4	24.6	92.7
2.非自有配送中心配送比重	%	24.2	20.3	19.2	22.8	22.2	2.7	11.0	22.5	-51.1
七、利润总额	万元	196269	119205	64.6	196269	119205	64.6			
八、资产总额	万元	1218607	1145488	6.4	1218607	1145488	6.4			
九、负债总额	万元	699388	655150	6.8	699388	655150	6.8			
十、配送中心数	个	196	191	2.6						

3—4 限额以上连锁餐饮企业情况

（按业态分）

指　标	计量单位	合计			直营店			加盟店		
		2003 年	2002 年	增减%	2003 年	2002 年	增减%	2003 年	2002 年	增减%
一、门店总数	**个**	**5451**	**4742**	**15.0**	**3208**	**2746**	**16.8**	**2243**	**1996**	**12.4**
#正　餐	个	2798	2508	11.6	1077	984	9.5	1721	1524	12.9
快　餐	个	1966	1659	18.5	1870	1610	16.1	96	49	95.9
咖 啡 店	个	45	34	32.4	45	34	32.4			
其他餐饮	个	642	541	18.7	216	118	83.1	426	423	0.7
二、营业面积	**平方米**	**3677906**	**3214481**	**14.4**	**2443876**	**2081749**	**17.4**	**1234030**	**1132732**	**8.9**
#正　餐	平方米	2276539	2074336	9.7	1070038	959172	11.6	1206501	1115164	8.2
快　餐	平方米	1350581	1098491	22.9	1328725	1085225	22.4	21856	13266	64.8
咖 啡 店	平方米	5992	4132	45.0	5992	4132	45.0			
其他餐饮	平方米	44794	37522	19.4	39121	33220	17.8	5673	4302	31.9
三、从业人数	**人**	**302451**	**438385**	**-31.0**	**186093**	**165835**	**12.2**	**116358**	**272550**	**-57.3**
#正　餐	人	205591	353928	-41.9	91542	82905	10.4	114049	271023	-57.9
快　餐	人	92596	81096	14.2	90442	79657	13.5	2154	1439	49.7
咖 啡 店	人	636	556	14.4	636	556	14.4			
其他餐饮	人	3628	2805	29.3	3473	2717	27.8	155	88	76.1
四、营业收入	**万元**	**2528999**	**2004102**	**26.2**	**1896253**	**1631192**	**16.2**	**632746**	**372910**	**69.7**
#正　餐	万元	1379077	1013855	36.0	783856	675958	16.0	595221	337897	76.2
快　餐	万元	1084826	928053	16.9	1062712	912879	16.4	22114	15174	45.7
咖 啡 店	万元	8149	7278	12.0	8149	7278	12.0			
其他餐饮	万元	56947	54916	3.7	41535	35077	18.4	15412	19838	-22.3
五、零售额	**万元**	**2444394**	**1934418**	**26.4**	**1817729**	**1567892**	**15.9**	**626665**	**366526**	**71.0**
#正　餐	万元	1322505	965788	36.9	728011	628609	15.8	594494	337179	76.3
快　餐	万元	1071508	920190	16.4	1049411	905026	16.0	22096	15164	45.7
咖 啡 店	万元	8149	7278	12.0	8149	7278	12.0			
其他餐饮	万元	42232	41161	2.6	32158	26979	19.2	10075	14182	-29.0
六、统一配送比重	**%**	**74.0**	**69.4**	**6.6**	**75.8**	**71.9**	**5.4**	**59.0**	**47.9**	**23.2**
#正　餐	%	63.6	58.5	8.7	59.2	56.9	4.0	61.0	50.5	20.8
快　餐	%	90.7	84.8	7.0	90.5	85.2	6.2	45.5	51.9	-12.3
咖 啡 店	%									
其他餐饮	%	20.3	20.3		29.0	31.5	-7.9	0.4	0.4	

3—4 续表

指　　标	计量单位	合计			直营店			加盟店		
		2003 年	2002 年	增减%	2003 年	2002 年	增减%	2003 年	2002 年	增减%
1. 自有配送中心配送比重	**%**	**49.6**	**48.9**	**1.4**	**53.0**	**49.7**	**6.6**	**47.4**	**24.6**	**92.7**
#正　　餐	%	44.2	46.3	-4.5	47.8	45.1	6.0	49.5	26.0	90.4
快　　餐	%	58.7	54	8.7	58.3	54.3	7.4	24.1	26.3	-8.4
咖 啡 店	%									
其他餐饮	%	16.3	16.6	-1.8	23.6	25.9	-8.9	0.2	0.2	
2. 非自有配送中心配送比重	**%**	**24.2**	**20.3**	**19.2**	**22.8**	**22.2**	**2.7**	**11.0**	**22.5**	**-51.1**
#正　　餐	%	19.0	11.8	61.0	11.2	11.5	-2.6	10.9	23.7	-54.0
快　　餐	%	32.0	30.9	3.6	32.2	30.9	4.2	21.4	25.6	-16.4
咖 啡 店	%									
其他餐饮	%	4.0	3.6	11.1	5.4	5.6	-3.6	0.3	0.2	50.0
七、利润总额	**万元**	**196269**	**119205**	**64.6**	**196269**	**119205**	**64.6**			
#正　　餐	万元	90523	57577	57.2	90523	57577	57.2			
快　　餐	万元	104037	60297	72.5	104037	60297	72.5			
咖 啡 店	万元	68	-204	-133.3	68	-204	-133.3			
其他餐饮	万元	1641	1535	6.9	1641	1535	6.9			
八、资产总额	**万元**	**1218607**	**1145488**	**6.4**	**1218607**	**1145488**	**6.4**			
#正　　餐	万元	494343	464174	6.5	494343	464174	6.5			
快　　餐	万元	668552	634487	5.4	668552	634487	5.4			
咖 啡 店	万元	5914	6306	-6.2	5914	6306	-6.2			
其他餐饮	万元	49798	40521	22.9	49798	40521	22.9			
九、负债总额	**万元**	**699388**	**655150**	**6.8**	**699388**	**655150**	**6.8**			
#正　　餐	万元	270062	237398	13.8	270062	237398	13.8			
快　　餐	万元	397734	391977	1.5	397734	391977	1.5			
咖 啡 店	万元	3665	3738	-2.0	3665	3738	-2.0			
其他餐饮	万元	27926	22037	26.7	27926	22037	26.7			
十、配送中心数	**个**	**196**	**191**	**2.6**						
#正　　餐	个	117	114	2.6						
快　　餐	个	69	68	1.5						
咖 啡 店	个									
其他餐饮	个	10	9	11.1						

3—5 限额以上连锁餐饮企业情况

（按登记注册类型分）

登记注册类型	门店总数（个）			营业面积（平方米）			从业人数（人）		
	2003 年	2002 年	增减%	2003 年	2002 年	增减%	2003 年	2002 年	增减%
合　　计	**5451**	**4742**	**15.0**	**3677906**	**3214481**	**14.4**	**302451**	**438385**	**-31.0**
内资企业	**3538**	**3201**	**10.5**	**2312178**	**2106244**	**9.8**	**201483**	**351329**	**-42.7**
国有企业	654	606	7.9	112021	113185	-1.0	7512	8461	-11.2
集体企业	16	11	45.5	12800	10800	18.5	698	728	-4.1
股份合作企业	42	36	16.7	9338	9135	2.2	1315	1257	4.6
联营企业									
国有联营企业									
集体联营企业									
国有与集体联营企业									
其他联营企业									
有限责任公司	1169	1101	6.2	802936	749906	7.1	81828	76016	7.6
国有独资公司	45	44	2.3	55564	54974	1.1	5041	4826	4.5
其他有限责任公司	1122	1054	6.5	745324	691312	7.8	76676	71023	8.0
股份有限公司	43	38	13.2	34461	32591	5.7	1164	1099	5.9
私营企业	1610	1404	14.7	1336522	1185927	12.7	108588	263428	-58.8
私营独资企业	130	128	1.6	150509	146999	2.4	11065	11088	-0.2
私营合伙企业	180	229	-21.4	84410	107200	-21.3	15498	184420	-91.6
私营有限责任公司	1289	1035	24.5	1084103	909068	19.3	80956	66458	21.8
私营股份有限公司	11	12	-8.3	17500	22660	-22.8	1069	1462	-26.9
其他企业	4	5	-20.0	4100	4700	-12.8	378	340	11.2
港澳台商投资企业	**443**	**314**	**41.1**	**160045**	**144682**	**10.6**	**19756**	**16187**	**22.0**
港澳台商合资经营企业	191	162	17.9	101675	93572	8.7	11866	9327	27.2
港澳台商合作经营企业	30	31	-3.2	16719	16149	3.5	2078	2342	-11.3
港澳台商独资经营企业	220	119	84.9	40801	34111	19.6	5756	4461	29.0
港澳台商投资股份有限公司	2	2		850	850		56	57	-1.8
外商投资企业	**1470**	**1227**	**19.8**	**1205683**	**963555**	**25.1**	**81212**	**70869**	**14.6**
中外合资经营企业	447	380	17.6	185802	161184	15.3	27203	25255	7.7
中外合作经营企业	431	338	27.5	156842	125647	24.8	22039	18183	21.2
外资企业	584	502	16.3	860417	674566	27.6	31770	27231	16.7
外商投资股份有限公司	8	7	14.3	2622	2158	21.5	200	200	

3—5　续表 1

登记注册类型	营业收入（万元）			#零售额（万元）			利润总额（万元）		
	2003 年	2002 年	增减%	2003 年	2002 年	增减%	2003 年	2002 年	增减%
合　　计	**2528999**	**2004102**	**26.2**	**2444394**	**1934418**	**26.4**	**196269**	**119205**	**64.6**
内资企业	**1276700**	**940407**	**35.8**	**1250892**	**916362**	**36.5**	**71720**	**48266**	**48.6**
国有企业	90078	94777	-5.0	75430	80787	-6.6	3034	3421	-11.3
集体企业	6591	6101	8.0	6591	6101	8.0	138	418	-67.0
股份合作企业	12612	12762	-1.2	12234	12407	-1.4	25	81	-69.1
联营企业									
国有联营企业									
集体联营企业									
国有与集体联营企业									
其他联营企业									
有限责任公司	561432	364397	54.1	559246	362577	54.2	47872	17230	177.8
国有独资公司	49756	57642	-13.7	49756	57642	-13.7	2067	3504	-41.0
其他有限责任公司	511506	306422	66.9	509320	304603	67.2	45870	13746	233.7
股份有限公司	11841	9194	28.8	11324	8760	29.3	2223	1850	20.2
私营企业	591794	451729	31.0	583714	444282	31.4	18024	25100	-28.2
私营独资企业	69329	68627	1.0	69329	68627	1.0	3256	4782	-31.9
私营合伙企业	24941	14211	75.5	23766	12395	91.7	-190	76	-350.0
私营有限责任公司	490808	362178	35.5	483904	356546	35.7	15102	20302	-25.6
私营股份有限公司	6717	6714		6717	6714		-144	-60	140.0
其他企业	2352	1448	62.4	2352	1448	62.4	405	167	142.5
港澳台商投资企业	**229952**	**197744**	**16.3**	**181614**	**156473**	**16.1**	**14944**	**5755**	**159.7**
港澳台商合资经营企业	155324	132100	17.6	107317	90965	18.0	15798	9408	67.9
港澳台商合作经营企业	23992	23351	2.7	23992	23351	2.7	-181	-1371	-86.8
港澳台商独资经营企业	49383	41029	20.4	49053	40893	20.0	-621	-2279	-72.8
港澳台商投资股份有限公司	1252	1264	-0.9	1252	1264	-0.9	-51	-2	2450.0
外商投资企业	**1022347**	**865952**	**18.1**	**1011889**	**861582**	**17.4**	**109605**	**65183**	**68.1**
中外合资经营企业	380097	325659	16.7	380097	325659	16.7	46172	26393	74.9
中外合作经营企业	257155	209678	22.6	257155	209678	22.6	28680	18624	54.0
外资企业	382964	328531	16.6	372506	324162	14.9	34624	20150	71.8
外商投资股份有限公司	2131	2084	2.3	2131	2084	2.3	130	17	664.7

3—5 续表 2

登记注册类型	资产总额（万元）			负债总额（万元）		
	2003 年	2002 年	增减%	2003 年	2002 年	增减%
合　　计	**1218607**	**1145488**	**6.4**	**699388**	**655150**	**6.8**
内资企业	**483790**	**446038**	**8.5**	**272570**	**217340**	**25.4**
国有企业	82308	78238	5.2	38063	33635	13.2
集体企业	2626	1757	49.5	1842	1462	26.0
股份合作企业	3236	4577	-29.3	1582	3177	-50.2
联营企业						
国有联营企业						
集体联营企业						
国有与集体联营企业						
其他联营企业						
有限责任公司	168296	168846	-0.3	95830	87315	9.8
国有独资公司	44407	52194	-14.9	16206	23871	-32.1
其他有限责任公司	123532	116210	6.3	79217	63050	25.6
股份有限公司	24232	22196	9.2	13302	10757	23.7
私营企业	202757	170095	19.2	121948	80874	50.8
私营独资企业	44237	36675	20.6	28810	12713	126.6
私营合伙企业	2382	2298	3.7	1402	1572	-10.8
私营有限责任公司	154343	129164	19.5	90055	64801	39.0
私营股份有限公司	1796	1958	-8.3	1680	1789	-6.1
其他企业	336	329	2.1	5	120	-95.8
港澳台商投资企业	**126062**	**123761**	**1.9**	**73470**	**72999**	**0.6**
港澳台商合资经营企业	75429	69279	8.9	38370	35347	8.6
港澳台商合作经营企业	12095	12762	-5.2	11209	11487	-2.4
港澳台商独资经营企业	37707	40860	-7.7	23339	25634	-9.0
港澳台商投资股份有限公司	831	860	-3.4	553	532	3.9
外商投资企业	**608755**	**575689**	5.7	**353348**	**364810**	**-3.1**
中外合资经营企业	221290	208817	6.0	126733	125335	1.1
中外合作经营企业	124503	110204	13.0	68908	61968	11.2
外资企业	262101	255777	2.5	157023	176709	-11.1
外商投资股份有限公司	860	892	-3.6	684	799	-14.4

3—6　限额以上连锁正餐业情况

（按登记注册类型分）

登记注册类型	门店总数（个）			营业面积（平方米）			从业人数（人）		
	2003 年	2002 年	增减%	2003 年	2002 年	增减%	2003 年	2002 年	增减%
合　　计	**2798**	**2508**	**11.6**	**2276539**	**2074336**	**9.7**	**205591**	**353928**	**-41.9**
内资企业	**2492**	**2254**	**10.6**	**2138983**	**1952775**	**9.5**	**185919**	**337480**	**-44.9**
国有企业	168	149	12.8	89435	94515	-5.4	6280	7430	-15.5
集体企业	3	3		8500	7300	16.4	498	488	2.0
股份合作企业	6	6		5606	5606		782	771	1.4
联营企业									
国有联营企业									
集体联营企业									
国有与集体联营企业									
其他联营企业									
有限责任公司	924	883	4.6	728804	675151	7.9	75373	70146	7.5
国有独资公司	45	44	2.3	55564	54974	1.1	5041	4826	4.5
其他有限责任公司	877	836	4.9	671192	616557	8.9	70221	65153	7.8
股份有限公司	17	17		28666	27916	2.7	857	834	2.8
私营企业	1370	1191	15.0	1273872	1137587	12.0	101751	257471	-60.5
私营独资企业	111	103	7.8	140870	140110	0.5	10004	10372	-3.5
私营合伙企业	173	220	-21.4	81610	103600	-21.2	15166	183970	-91.8
私营有限责任公司	1075	856	25.6	1033892	871217	18.7	75512	61667	22.5
私营股份有限公司	11	12	-8.3	17500	22660	-22.8	1069	1462	-26.9
其他企业	4	5	-20.0	4100	4700	-12.8	378	340	11.2
港澳台商投资企业	**177**	**156**	**13.5**	**87277**	**82024**	**6.4**	**11854**	**9686**	**22.4**
港澳台商合资经营企业	130	111	17.1	68993	62941	9.6	9763	7511	30.0
港澳台商合作经营企业	14	15	-6.7	8756	8716	0.5	1116	1115	0.1
港澳台商独资经营企业	33	30	10.0	9528	10367	-8.1	975	1060	-8.0
港澳台商投资股份有限公司									
外商投资企业	**129**	**98**	**31.6**	**50279**	**39537**	**27.2**	**7818**	**6762**	**15.6**
中外合资经营企业	15	14	7.1	9185	9077	1.2	840	810	3.7
中外合作经营企业	113	83	36.1	40574	29940	35.5	6905	5879	17.5
外资企业	1	1		520	520		73	73	
外商投资股份有限公司									

3—6 续表1

登记注册类型	营业收入（万元）			#零售额（万元）			利润总额（万元）		
	2003年	2002年	增减%	2003年	2002年	增减%	2003年	2002年	增减%
合　　计	**1379077**	**1013855**	**36.0**	**1322505**	**965788**	**36.9**	**90523**	**57577**	**57.2**
内资企业	**1129667**	**807114**	**40.0**	**1121059**	**799954**	**40.1**	**65089**	**42106**	**54.6**
国有企业	51677	53204	-2.9	51607	53204	-3.0	1506	2030	-25.8
集体企业	6046	5721	5.7	6046	5721	5.7	-2	354	-100.6
股份合作企业	10643	10960	-2.9	10643	10960	-2.9	-46	19	-342.1
联营企业									
国有联营企业									
集体联营企业									
国有与集体联营企业									
其他联营企业									
有限责任公司	508418	314501	61.7	507821	314469	61.5	44500	13214	236.8
国有独资公司	49756	57642	-13.7	49756	57642	-13.7	2067	3504	-41.0
其他有限责任公司	458492	256526	78.7	457896	256495	78.5	42498	9730	336.8
股份有限公司	5627	4460	26.2	5110	4026	26.9	1841	1550	18.8
私营企业	544904	416820	30.7	537480	410126	31.1	16886	24771	-31.8
私营独资企业	63148	63259	-0.2	63148	63259	-0.2	3157	4697	-32.8
私营合伙企业	24285	13799	76.0	23110	11984	92.8	-264	42	-728.6
私营有限责任公司	450754	333048	35.3	444505	328169	35.5	14137	20092	-29.6
私营股份有限公司	6717	6714		6717	6714		-144	-60	140.0
其他企业	2352	1448	62.4	2352	1448	62.4	405	167	142.5
港澳台商投资企业	**148925**	**128747**	**15.7**	**100961**	**87839**	**14.9**	**14487**	**8118**	**78.5**
港澳台商合资经营企业	129195	109342	18.2	81425	68570	18.7	13982	8551	63.5
港澳台商合作经营企业	12989	12959	0.2	12989	12959	0.2	611	-79	-873.4
港澳台商独资经营企业	6742	6446	4.6	6547	6310	3.8	-106	-354	-70.1
港澳台商投资股份有限公司									
外商投资企业	**100485**	**77994**	**28.8**	**100485**	**77994**	**28.8**	**10947**	**7353**	**48.9**
中外合资经营企业	12989	12888	0.8	12989	12888	0.8	1686	1214	38.9
中外合作经营企业	85294	62514	36.4	85294	62514	36.4	11302	8643	30.8
外资企业	2202	2592	-15.0	2202	2592	-15.0	-2040	-2504	-18.5
外商投资股份有限公司									

3—6 续表 2

登记注册类型	资产总额（万元）			负债总额（万元）		
	2003 年	2002 年	增减%	2003 年	2002 年	增减%
合　　计	**494343**	**464174**	**6.5**	**270061**	**237398**	**13.8**
内资企业	368988	351131	5.1	205964	165706	24.3
国有企业	58763	57690	1.9	26261	23851	10.1
集体企业	2004	1498	33.8	1443	1287	12.1
股份合作企业	2750	2627	4.7	1284	1490	-13.8
联营企业						
国有联营企业						
集体联营企业						
国有与集体联营企业						
其他联营企业						
有限责任公司	124548	131882	-5.6	68548	65677	4.4
国有独资公司	44407	52194	-14.9	16206	23871	-32.1
其他有限责任公司	79784	79246	0.7	51935	41411	25.4
股份有限公司	9618	9205	4.5	2900	2376	22.1
私营企业	170968	147901	15.6	105525	70906	48.8
私营独资企业	35860	31945	12.3	24294	10291	136.1
私营合伙企业	2247	2168	3.6	1402	1572	-10.8
私营有限责任公司	131065	111829	17.2	78149	57254	36.5
私营股份有限公司	1796	1958	-8.3	1680	1789	-6.1
其他企业	336	329	2.1	5	120	-95.8
港澳台商投资企业	**69069**	**63375**	**9.0**	**34319**	**30538**	**12.4**
港澳台商合资经营企业	64556	58195	10.9	30638	27132	12.9
港澳台商合作经营企业	2588	2679	-3.4	1702	1405	21.1
港澳台商独资经营企业	1925	2502	-23.1	1979	2001	-1.1
港澳台商投资股份有限公司						
外商投资企业	**56286**	**49667**	**13.3**	**29778**	**41154**	**-27.6**
中外合资经营企业	8438	8006	5.4	2549	1683	51.5
中外合作经营企业	30245	24960	21.2	13363	10667	25.3
外资企业	17603	16700	5.4	13866	28804	-51.9
外商投资股份有限公司						

3—7 限额以上连锁快餐业情况

（按登记注册类型分）

登记注册类型	门店总数（个）			营业面积（平方米）			从业人数（人）		
	2003 年	2002 年	增减%	2003 年	2002 年	增减%	2003 年	2002 年	增减%
合　　计	**1966**	**1659**	**18.5**	**1350581**	**1098491**	**22.9**	**92596**	**81096**	**14.2**
内资企业	**512**	**435**	**17.7**	**133799**	**119905**	**11.6**	**12726**	**11429**	**11.3**
国有企业	18	11	63.6	4735	3128	51.4	146	141	3.5
集体企业									
股份合作企业	28	22	27.3	3412	3249	5.0	387	356	8.7
联营企业									
国有联营企业									
集体联营企业									
国有与集体联营企业									
其他联营企业									
有限责任公司	233	204	14.2	70507	70463	0.1	6219	5505	13.0
国有独资公司									
其他有限责任公司	233	204	14.2	70507	70463	0.1	6219	5505	13.0
股份有限公司	9	7	28.6	1295	775	67.1	157	145	8.3
私营企业	224	191	17.3	53850	42290	27.3	5817	5282	10.1
私营独资企业	3	3		839	839		41	41	
私营合伙企业	7	9	-22.2	2800	3600	-22.2	332	450	-26.2
私营有限责任公司	214	179	19.6	50211	37851	32.7	5444	4791	13.6
私营股份有限公司									
其他企业									
港澳台商投资企业	**158**	**129**	**22.5**	**67370**	**58700**	**14.8**	**7112**	**6116**	**16.3**
港澳台商合资经营企业	61	51	19.6	32682	30631	6.7	2103	1816	15.8
港澳台商合作经营企业	16	16		7963	7433	7.1	962	1227	-21.6
港澳台商独资经营企业	79	60	31.7	25875	19786	30.8	3991	3016	32.3
港澳台商投资股份有限公司	2	2		850	850		56	57	-1.8
外商投资企业	**1296**	**1095**	**18.4**	**1149412**	**919886**	**25.0**	**72758**	**63551**	**14.5**
中外合资经营企业	432	366	18.0	176617	152107	16.1	26363	24445	7.8
中外合作经营企业	273	221	23.5	110276	91575	20.4	14498	11748	23.4
外资企业	583	501	16.4	859897	674046	27.6	31697	27158	16.7
外商投资股份有限公司	8	7	14.3	2622	2158	21.5	200	200	

3—7　续表 1

登记注册类型	营业收入（万元）			#零售额（万元）			利润总额（万元）		
	2003 年	2002 年	增减%	2003 年	2002 年	增减%	2003 年	2002 年	增减%
合　　计	**1084827**	**928053**	**16.9**	**1071508**	**920190**	**16.4**	**104037**	**60297**	**72.5**
内资企业	**97548**	**80374**	**21.4**	**94924**	**77244**	**22.9**	**4809**	**4489**	**7.1**
国有企业	1646	709	132.2	1646	475	246.5	10	6	66.7
集体企业									
股份合作企业	1625	1252	29.8	1247	897	39.0	47	50	-6.0
联营企业									
国有联营企业									
集体联营企业									
国有与集体联营企业									
其他联营企业									
有限责任公司	49742	46207	7.7	48152	44419	8.4	3461	4012	-13.7
国有独资公司									
其他有限责任公司	49742	46207	7.7	48152	44419	8.4	3461	4012	-13.7
股份有限公司	3328	2268	46.7	3328	2268	46.7	252	170	48.2
私营企业	41207	29938	37.6	40551	29185	38.9	1040	251	314.3
私营独资企业	498	397	25.4	498	397	25.4	2	7	-71.4
私营合伙企业	655	411	59.4	655	411	59.4	74	33	124.2
私营有限责任公司	40054	29130	37.5	39398	28377	38.8	965	211	357.3
私营股份有限公司									
其他企业									
港澳台商投资企业	**73566**	**66999**	**9.8**	**73329**	**66636**	**10.0**	**638**	**-2227**	**-128.6**
港澳台商合资经营企业	26129	22758	14.8	25892	22395	15.6	1815	857	111.8
港澳台商合作经营企业	11004	10391	5.9	11004	10391	5.9	-792	-1292	-38.7
港澳台商独资经营企业	35181	32586	8.0	35181	32586	8.0	-334	-1789	-81.3
港澳台商投资股份有限公司	1252	1264	-0.9	1252	1264	-0.9	-51	-2	2450.0
外商投资企业	**913713**	**780680**	**17.0**	**903255**	**776310**	**16.4**	**98590**	**58035**	**69.9**
中外合资经营企业	367108	312771	17.4	367108	312771	17.4	44486	25180	76.7
中外合作经营企业	163712	139886	17.0	163712	139886	17.0	17309	10186	69.9
外资企业	380762	325939	16.8	370304	321570	15.2	36664	22653	61.9
外商投资股份有限公司	2131	2084	2.3	2131	2084	2.3	130	17	664.7

3—7 续表2

登记注册类型	资产总额（万元）			负债总额（万元）		
	2003年	2002年	增减%	2003年	2002年	增减%
合　　计	**668552**	**634487**	**5.4**	**397735**	**391977**	**1.5**
内资企业	**67315**	**55113**	**22.1**	**39411**	**29719**	**32.6**
国有企业	2360	2269	4.0	578	492	17.5
集体企业						
股份合作企业	164	1697	-90.3	155	1583	-90.2
联营企业						
国有联营企业						
集体联营企业						
国有与集体联营企业						
其他联营企业						
有限责任公司	39866	32568	22.4	25635	19278	33.0
国有独资公司						
其他有限责任公司	39866	32568	22.4	25635	19278	33.0
股份有限公司	1397	984	42.0	1090	754	44.6
私营企业	23527	17594	33.7	11952	7613	57.0
私营独资企业	115	130	-11.5	46	66	-30.3
私营合伙企业	135	129	4.7			
私营有限责任公司	23278	17336	34.3	11906	7547	57.8
私营股份有限公司						
其他企业						
港澳台商投资企业	**54683**	**59658**	**-8.3**	**38419**	**42340**	**-9.3**
港澳台商合资经营企业	10873	11084	-1.9	7731	8215	-5.9
港澳台商合作经营企业	9507	10084	-5.7	9507	10082	-5.7
港澳台商独资经营企业	33472	37631	-11.1	20628	23511	-12.3
港澳台商投资股份有限公司	831	860	-3.4	553	532	3.9
外商投资企业	**546554**	**519716**	**5.2**	**319905**	**319918**	
中外合资经营企业	212852	200811	6.0	124184	123652	0.4
中外合作经营企业	88344	78938	11.9	51880	47563	9.1
外资企业	244498	239077	2.3	143157	147905	-3.2
外商投资股份有限公司	860	892	-3.6	684	799	-14.4

3—8 限额以上直营连锁餐饮企业情况

（按登记注册类型分）

登记注册类型	门店总数（个）			营业面积（平方米）			从业人数（人）		
	2003年	2002年	增减%	2003年	2002年	增减%	2003年	2002年	增减%
合　　计	**3208**	**2746**	**16.8**	**2443876**	**2081749**	**17.4**	**186093**	**165835**	**12.2**
内资企业	**1376**	**1257**	**9.5**	**1101360**	**988351**	**11.4**	**87353**	**80403**	**8.6**
国有企业	117	79	48.1	79228	82683	-4.2	5410	5298	2.1
集体企业	14	11	27.3	12500	10800	15.7	678	728	-6.9
股份合作企业	26	31	-16.1	6653	6983	-4.7	919	934	-1.6
联营企业									
国有联营企业									
集体联营企业									
国有与集体联营企业									
其他联营企业									
有限责任公司	497	471	5.5	266748	250533	6.5	31215	29856	4.6
国有独资公司	7	8	-12.5	10061	14271	-29.5	1730	1694	2.1
其他有限责任公司	488	460	6.1	254639	232642	9.5	29374	27995	4.9
股份有限公司	43	38	13.2	34461	32591	5.7	1164	1099	5.9
私营企业	678	626	8.3	700770	603761	16.1	47877	42398	12.9
私营独资企业	92	94	-2.1	118539	116159	2.0	9036	8999	0.4
私营合伙企业	12	14	-14.3	10500	11100	-5.4	1001	1160	-13.7
私营有限责任公司	568	512	10.9	563731	464302	21.4	37126	31232	18.9
私营股份有限公司	6	6		8000	12200	-34.4	714	1007	-29.1
其他企业	1	1		1000	1000		90	90	
港澳台商投资企业	**403**	**295**	**36.6**	**147785**	**138612**	**6.6**	**18653**	**15423**	**20.9**
港澳台商合资经营企业	190	160	18.8	101235	92005	10.0	11821	9214	28.3
港澳台商合作经营企业	30	31	-3.2	16719	16149	3.5	2078	2342	-11.3
港澳台商独资经营企业	181	102	77.5	28981	29608	-2.1	4698	3810	23.3
港澳台商投资股份有限公司	2	2		850	850		56	57	-1.8
外商投资企业	**1429**	**1194**	**19.7**	**1194731**	**954786**	**25.1**	**80087**	**70009**	**14.4**
中外合资经营企业	440	372	18.3	185345	160277	15.6	27158	25195	7.8
中外合作经营企业	431	338	27.5	156842	125647	24.8	22039	18183	21.2
外资企业	550	477	15.3	849922	666704	27.5	30690	26431	16.1
外商投资股份有限公司	8	7	14.3	2622	2158	21.5	200	200	

3—8 续表1

登记注册类型	营业收入（万元）			#零售额（万元）			利润总额（万元）		
	2003年	2002年	增减%	2003年	2002年	增减%	2003年	2002年	增减%
合　　计	**1896253**	**1631192**	**16.2**	**1817729**	**1567892**	**15.9**	**196269**	**119205**	**64.6**
内资企业	**669608**	**585919**	**14.3**	**649880**	**568259**	**14.4**	**71720**	**48266**	**48.6**
国有企业	63752	64605	-1.3	54441	56272	-3.3	3034	3421	-11.3
集体企业	6571	6101	7.7	6571	6101	7.7	138	418	-67.0
股份合作企业	8154	8704	-6.3	7794	8359	-6.8	25	81	-69.1
联营企业									
国有联营企业									
集体联营企业									
国有与集体联营企业									
其他联营企业									
有限责任公司	237197	187713	26.4	235011	185894	26.4	47872	17230	177.8
国有独资公司	27688	34883	-20.6	27688	34883	-20.6	2067	3504	-41.0
其他有限责任公司	209339	152497	37.3	207153	150677	37.5	45870	13746	233.7
股份有限公司	11841	9194	28.8	11324	8760	29.3	2223	1850	20.2
私营企业	341111	309124	10.3	333757	302395	10.4	18024	25100	-28.2
私营独资企业	53969	55047	-2.0	53969	55047	-2.0	3256	4782	-31.9
私营合伙企业	6018	5604	7.4	4843	3789	27.8	-190	76	-350.0
私营有限责任公司	276483	243711	13.4	270304	238797	13.2	15102	20302	-25.6
私营股份有限公司	4641	4763	-2.6	4641	4763	-2.6	-144	-60	140.0
其他企业	982	478	105.4	982	478	105.4	405	167	142.5
港澳台商投资企业	**216854**	**189360**	**14.5**	**168516**	**148089**	**13.8**	**14944**	**5755**	**159.7**
港澳台商合资经营企业	155103	130737	18.6	107096	89603	19.5	15798	9408	67.9
港澳台商合作经营企业	23992	23351	2.7	23992	23351	2.7	-181	-1371	-86.8
港澳台商独资经营企业	36507	34007	7.4	36177	33871	6.8	-621	-2279	-72.8
港澳台商投资股份有限公司	1252	1264	-0.9	1252	1264	-0.9	-51	-2	2450.0
外商投资企业	**1009791**	**855914**	**18.0**	**999332**	**851544**	**17.4**	**109605**	**65183**	**68.1**
中外合资经营企业	379218	325151	16.6	379218	325151	16.6	46172	26393	74.9
中外合作经营企业	257155	209678	22.6	257155	209678	22.6	28680	18624	54.0
外资企业	371287	319001	16.4	360829	314631	14.7	34624	20150	71.8
外商投资股份有限公司	21310	20835	2.3	21310	20835	2.3	1298	165	686.7

3—8 续表 2

登记注册类型	资产总额（万元）			负债总额（万元）		
	2003 年	2002 年	增减%	2003 年	2002 年	增减%
合　　计	**1218607**	**1145488**	**6.4**	**699388**	**655150**	**6.8**
内资企业	**483790**	**446038**	**8.5**	**272570**	**217340**	**25.4**
国有企业	82308	78238	5.2	38063	33635	13.2
集体企业	2626	1757	49.5	1842	1462	26.0
股份合作企业	3236	4577	-29.3	1582	3177	-50.2
联营企业						
国有联营企业						
集体联营企业						
国有与集体联营企业						
其他联营企业						
有限责任公司	168296	168846	-0.3	95830	87315	9.8
国有独资公司	44407	52194	-14.9	16206	23871	-32.1
其他有限责任公司	123532	116210	6.3	79217	63050	25.6
股份有限公司	24232	22196	9.2	13302	10757	23.7
私营企业	202757	170095	19.2	121948	80874	50.8
私营独资企业	44237	36675	20.6	28810	12713	126.6
私营合伙企业	2382	2298	3.7	1402	1572	-10.8
私营有限责任公司	154343	129164	19.5	90055	64801	39.0
私营股份有限公司	1796	1958	-8.3	1680	1789	-6.1
其他企业	336	329	2.1	5	120	-95.8
港澳台商投资企业	**126062**	**123761**	**1.9**	**73470**	**72999**	**0.6**
港澳台商合资经营企业	75429	69279	8.9	38370	35347	8.6
港澳台商合作经营企业	12095	12762	-5.2	11209	11487	-2.4
港澳台商独资经营企业	37707	40860	-7.7	23339	25634	-9.0
港澳台商投资股份有限公司	831	860	-3.4	553	532	3.9
外商投资企业	**608755**	**575689**	**5.7**	**353348**	**364810**	**-3.1**
中外合资经营企业	221290	208817	6.0	126733	125335	1.1
中外合作经营企业	124503	110204	13.0	68908	61968	11.2
外资企业	262101	255777	2.5	157023	176709	-11.1
外商投资股份有限公司	8595	8916	-3.6	6842	7987	-14.3

3—9 限额以上直营连锁正餐业情况

(按登记注册类型分)

登记注册类型	门店总数（个）			营业面积（平方米）			从业人数（人）		
	2003年	2002年	增减%	2003年	2002年	增减%	2003年	2002年	增减%
合计	**1077**	**984**	**9.5**	**1070038**	**959172**	**11.6**	**91542**	**82905**	**10.4**
内资企业	**792**	**748**	**5.9**	**937561**	**842114**	**11.3**	**72468**	**67042**	**8.1**
国有企业	48	34	41.2	61815	67975	-9.1	4288	4310	-0.5
集体企业	3	3		8500	7300	16.4	498	488	2.0
股份合作企业	4	4		3714	3714		475	472	0.6
联营企业									
国有联营企业									
集体联营企业									
国有与集体联营企业									
其他联营企业									
有限责任公司	255	259	-1.5	193216	176728	9.3	24850	24136	3.0
国有独资公司	7	8	-12.5	10061	14271	-29.5	1730	1694	2.1
其他有限责任公司	246	248	-0.8	181107	158837	14.0	23009	22275	3.3
股份有限公司	17	17		28666	27916	2.7	857	834	2.8
私营企业	464	430	7.9	640650	557481	14.9	41410	36712	12.8
私营独资企业	80	80		109100	109610	-0.5	8000	8328	-3.9
私营合伙企业	6	8	-25.0	8100	8700	-6.9	784	860	-8.8
私营有限责任公司	372	336	10.7	515450	426971	20.7	31912	26517	20.3
私营股份有限公司	6	6		8000	12200	-34.4	714	1007	-29.1
其他企业	1	1		1000	1000		90	90	
港澳台商投资企业	**160**	**142**	**12.7**	**82198**	**77521**	**6.0**	**11256**	**9101**	**23.7**
港澳台商合资经营企业	130	111	17.1	68993	62941	9.6	9763	7511	30.0
港澳台商合作经营企业	14	15	-6.7	8756	8716	0.5	1116	1115	0.1
港澳台商独资经营企业	16	16		4449	5864	-24.1	377	475	-20.6
港澳台商投资股份有限公司									
外商投资企业	**125**	**94**	**33.0**	**50279**	**39537**	**27.2**	**7818**	**6762**	**15.6**
中外合资经营企业	11	10	10.0	9185	9077	1.2	840	810	3.7
中外合作经营企业	113	83	36.1	40574	29940	35.5	6905	5879	17.5
外资企业	1	1		520	520		73	73	
外商投资股份有限公司									

3—9 续表 1

登记注册类型	营业收入（万元）			#零售额（万元）			利润总额（万元）		
	2003 年	2002 年	增减%	2003 年	2002 年	增减%	2003 年	2002 年	增减%
合　　计	**783856**	**675958**	**16.0**	**728011**	**628609**	**15.8**	**90523**	**57577**	**57.2**
内资企业	**539546**	**473109**	**14.0**	**531664**	**466668**	**13.9**	**65089**	**42106**	**54.6**
国有企业	40653	42766	-4.9	40583	42766	-5.1	1506	2030	-25.8
集体企业	6046	5721	5.7	6046	5721	5.7	-2	354	-100.6
股份合作企业	6237	6941	-10.1	6237	6941	-10.1	-46	19	-342.1
联营企业									
国有联营企业									
集体联营企业									
国有与集体联营企业									
其他联营企业									
有限责任公司	184483	138160	33.5	183887	138128	33.1	44500	13214	236.8
国有独资公司	27688	34883	-20.6	27688	34883	-20.6	2067	3504	-41.0
其他有限责任公司	156625	102943	52.1	156029	102912	51.6	42498	9730	336.8
股份有限公司	5627	4460	26.2	5110	4026	26.9	1841	1550	18.8
私营企业	295518	274585	7.6	288820	268609	7.5	16886	24771	-31.8
私营独资企业	47879	49785	-3.8	47879	49785	-3.8	3157	4697	-32.8
私营合伙企业	5564	5305	4.9	4389	3490	25.8	-264	42	-728.6
私营有限责任公司	237434	214732	10.6	231911	210572	10.1	14137	20092	-29.6
私营股份有限公司	4641	4763	-2.6	4641	4763	-2.6	-144	-60	140.0
其他企业	982	478	105.4	982	478	105.4	405	167	142.5
港澳台商投资企业	**144591**	**125286**	**15.4**	**96626**	**84378**	**14.5**	**14487**	**8118**	**78.5**
港澳台商合资经营企业	129195	109342	18.2	81425	68570	18.7	13982	8551	63.5
港澳台商合作经营企业	12989	12959	0.2	12989	12959	0.2	611	-79	-873.4
港澳台商独资经营企业	2407	2985	-19.4	2213	2849	-22.3	-106	-354	-70.1
港澳台商投资股份有限公司									
外商投资企业	**99720**	**77563**	**28.6**	**99720**	**77563**	**28.6**	**10947**	**7353**	**48.9**
中外合资经营企业	12225	12457	-1.9	12225	12457	-1.9	1686	1214	38.9
中外合作经营企业	85294	62514	36.4	85294	62514	36.4	11302	8643	30.8
外资企业	2202	2592	-15.0	2202	2592	-15.0	-2040	-2504	-18.5
外商投资股份有限公司									

3—9 续表 2

登记注册类型	资产总额（万元）			负债总额（万元）		
	2003 年	2002 年	增减%	2003 年	2002 年	增减%
合　　计	**494343**	**464174**	**6.5**	**270062**	**237398**	**13.8**
内资企业	**368988**	**351131**	**5.1**	**205964**	**165706**	**24.3**
国有企业	58763	57690	1.9	26261	23851	10.1
集体企业	2004	1498	33.8	1443	1287	12.1
股份合作企业	2750	2627	4.7	1284	1490	-13.8
联营企业						
国有联营企业						
集体联营企业						
国有与集体联营企业						
其他联营企业						
有限责任公司	124548	131882	-5.6	68548	65677	4.4
国有独资公司	44407	52194	-14.9	16206	23871	-32.1
其他有限责任公司	79784	79246	0.7	51935	41411	25.4
股份有限公司	9618	9205	4.5	2900	2376	22.1
私营企业	170968	147901	15.6	105525	70906	48.8
私营独资企业	35860	31945	12.3	24294	10291	136.1
私营合伙企业	2247	2168	3.6	1402	1572	-10.8
私营有限责任公司	131065	111829	17.2	78149	57254	36.5
私营股份有限公司	1796	1958	-8.3	1680	1789	-6.1
其他企业	336	329	2.1	5	120	-95.8
港澳台商投资企业	**69069**	**63375**	**9.0**	**34319**	**30538**	**12.4**
港澳台商合资经营企业	64556	58195	10.9	30638	27132	12.9
港澳台商合作经营企业	2588	2679	-3.4	1702	1405	21.1
港澳台商独资经营企业	1925	2502	-23.1	1979	2001	-1.1
港澳台商投资股份有限公司						
外商投资企业	**56286**	**49667**	**13.3**	**29778**	**41154**	**-27.6**
中外合资经营企业	8438	8006	5.4	2549	1683	51.5
中外合作经营企业	30245	24960	21.2	13363	10667	25.3
外资企业	17603	16700	5.4	13866	28804	-51.9
外商投资股份有限公司						

3—10　限额以上直营连锁快餐业情况

（按登记注册类型分）

登记注册类型	门店总数（个）			营业面积（平方米）			从业人数（人）		
	2003 年	2002 年	增减%	2003 年	2002 年	增减%	2003 年	2002 年	增减%
合　　计	**1870**	**1610**	**16.1**	**1328725**	**1085225**	**22.4**	**90442**	**79657**	**13.5**
内资企业	**476**	**420**	**13.3**	**130076**	**116975**	**11.2**	**12202**	**11029**	**10.6**
国有企业	18	11	63.6	4735	3128	51.4	146	141	3.5
集体企业									
股份合作企业	14	19	-26.3	2619	2989	-12.4	298	332	-10.2
联营企业									
国有联营企业									
集体联营企业									
国有与集体联营企业									
其他联营企业									
有限责任公司	230	198	16.2	69907	69513	0.6	6129	5355	14.5
国有独资公司									
其他有限责任公司	230	198	16.2	69907	69513	0.6	6129	5355	14.5
股份有限公司	9	7	28.6	1295	775	67.1	157	145	8.3
私营企业	205	185	10.8	51520	40570	27.0	5472	5056	8.2
私营独资企业	3	3		839	839		41	41	
私营合伙企业	6	6		2400	2400		217	300	-27.7
私营有限责任公司	196	176	11.4	48281	37331	29.3	5214	4715	10.6
私营股份有限公司									
其他企业									
港澳台商投资企业	**135**	**124**	**8.9**	**60189**	**57133**	**5.3**	**6607**	**5937**	**11.3**
港澳台商合资经营企业	60	49	22.4	32242	29064	10.9	2058	1703	20.8
港澳台商合作经营企业	16	16		7963	7433	7.1	962	1227	-21.6
港澳台商独资经营企业	57	57		19134	19786	-3.3	3531	2950	19.7
港澳台商投资股份有限公司	2	2		850	850		56	57	-1.8
外商投资企业	**1259**	**1066**	**18.1**	**1138460**	**911117**	**25.0**	**71633**	**62691**	**14.3**
中外合资经营企业	429	362	18.5	176160	151200	16.5	26318	24385	7.9
中外合作经营企业	273	221	23.5	110276	91575	20.4	14498	11748	23.4
外资企业	549	476	15.3	849402	666184	27.5	30617	26358	16.2
外商投资股份有限公司	8	7	14.3	2622	2158	21.5	200	200	

3—10 续表1

登记注册类型	营业收入（万元）			#零售额（万元）			利润总额（万元）		
	2003年	2002年	增减%	2003年	2002年	增减%	2003年	2002年	增减%
合　　计	**1062712**	**912879**	**16.4**	**1049411**	**905026**	**16.0**	**104037**	**60297**	**72.5**
内资企业	**95988**	**79730**	**20.4**	**93383**	**76609**	**21.9**	**4809**	**4489**	**7.1**
国有企业	1646	709	132.2	1646	475	246.5	10	6	66.7
集体企业									
股份合作企业	1573	1213	29.7	1213	868	39.7	47	50	-6.0
联营企业									
国有联营企业									
集体联营企业									
国有与集体联营企业									
其他联营企业									
有限责任公司	49441	45865	7.8	47852	44077	8.6	3461	4012	-13.7
国有独资公司									
其他有限责任公司	49441	45865	7.8	47852	44077	8.6	3461	4012	-13.7
股份有限公司	3328	2268	46.7	3328	2268	46.7	252	170	48.2
私营企业	40000	29674	34.8	39344	28921	36.0	1040	251	314.3
私营独资企业	498	397	25.4	498	397	25.4	2	7	-71.4
私营合伙企业	454	299	51.8	454	299	51.8	74	33	124.2
私营有限责任公司	39049	28978	34.8	38393	28226	36.0	965	211	357.3
私营股份有限公司									
其他企业									
港澳台商投资企业	**64803**	**62077**	**4.4**	**64566**	**61714**	**4.6**	**638**	**-2227**	**-128.6**
港澳台商合资经营企业	25907	21396	21.1	25671	21033	22.1	1815	857	111.8
港澳台商合作经营企业	11004	10391	5.9	11004	10391	5.9	-792	-1292	-38.7
港澳台商独资经营企业	26640	29026	-8.2	26640	29026	-8.2	-334	-1789	-81.3
港澳台商投资股份有限公司	1252	1264	-0.9	1252	1264	-0.9	-51	-2	2450.0
外商投资企业	**901921**	**771073**	**17.0**	**891463**	**766703**	**16.3**	**98590**	**58035**	**69.9**
中外合资经营企业	366993	312694	17.4	366993	312694	17.4	44486	25180	76.7
中外合作经营企业	163712	139886	17.0	163712	139886	17.0	17309	10186	69.9
外资企业	369085	316409	16.6	358627	312039	14.9	36664	22653	61.9
外商投资股份有限公司	21310	20835	2.3	21310	20835	2.3	1298	165	686.7

3—10　续表 2

登记注册类型	资产总额（万元）			负债总额（万元）		
	2003 年	2002 年	增减%	2003 年	2002 年	增减%
合　　计	**668552**	**634487**	**5.4**	**397734**	**391977**	**1.5**
内资企业	**67315**	**55113**	**22.1**	**39411**	**29719**	**32.6**
国有企业	2360	2269	4.0	578	492	17.5
集体企业						
股份合作企业	164	1697	-90.3	155	1583	-90.2
联营企业						
国有联营企业						
集体联营企业						
国有与集体联营企业						
其他联营企业						
有限责任公司	39866	32568	22.4	25635	19278	33.0
国有独资公司						
其他有限责任公司	39866	32568	22.4	25635	19278	33.0
股份有限公司	1397	984	42.0	1090	754	44.6
私营企业	23527	17594	33.7	11952	7613	57.0
私营独资企业	115	130	-11.5	46	66	-30.3
私营合伙企业	135	129	4.7			
私营有限责任公司	23278	17336	34.3	11906	7547	57.8
私营股份有限公司						
其他企业						
港澳台商投资企业	**54683**	**59658**	**-8.3**	**38419**	**42340**	**-9.3**
港澳台商合资经营企业	10873	11084	-1.9	7731	8215	-5.9
港澳台商合作经营企业	9507	10084	-5.7	9507	10082	-5.7
港澳台商独资经营企业	33472	37631	-11.1	20628	23511	-12.3
港澳台商投资股份有限公司	831	860	-3.4	553	532	3.9
外商投资企业	**546554**	**519716**	**5.2**	**319905**	**319918**	
中外合资经营企业	212852	200811	6.0	124184	123652	0.4
中外合作经营企业	88344	78938	11.9	51880	47563	9.1
外资企业	244498	239077	2.3	143157	147905	-3.2
外商投资股份有限公司	8595	8916	-3.6	6842	7987	-14.3

3—11 限额以上加盟连锁餐饮企业情况

(按登记注册类型分)

登记注册类型	门店总数(个)			营业面积(平方米)			从业人数(人)		
	2003年	2002年	增减%	2003年	2002年	增减%	2003年	2002年	增减%
合　　计	**2243**	**1996**	**12.4**	**1234030**	**1132732**	**8.9**	**116358**	**272550**	**-57.3**
内资企业	**2162**	**1944**	**11.2**	**1210818**	**1117893**	**8.3**	**114130**	**270926**	**-57.9**
国有企业	537	527	1.9	32793	30502	7.5	2102	3163	-33.5
集体企业	2			300			20		
股份合作企业	16	5	220.0	2685	2152	24.8	396	323	22.6
联营企业									
国有联营企业									
集体联营企业									
国有与集体联营企业									
其他联营企业									
有限责任公司	672	630	6.7	536188	499373	7.4	50613	46160	9.6
国有独资公司	38	36	5.6	45503	40703	11.8	3311	3132	5.7
其他有限责任公司	634	594	6.7	490685	458670	7.0	47302	43028	9.9
股份有限公司									
私营企业	932	778	19.8	635752	582166	9.2	60711	221030	-72.5
私营独资企业	38	34	11.8	31970	30840	3.7	2029	2089	-2.9
私营合伙企业	168	215	-21.9	73910	96100	-23.1	14497	183260	-92.1
私营有限责任公司	721	523	37.9	520372	444766	17.0	43830	35226	24.4
私营股份有限公司	5	6	-16.7	9500	10460	-9.2	355	455	-22.0
其他企业	3	4	-25.0	3100	3700	-16.2	288	250	15.2
港澳台商投资企业	**40**	**19**	**110.5**	**12260**	**6070**	**102.0**	**1103**	**764**	**44.4**
港澳台商合资经营企业	1	2	-50.0	440	1567	-71.9	45	113	-60.2
港澳台商合作经营企业									
港澳台商独资经营企业	39	17	129.4	11820	4503	162.5	1058	651	62.5
港澳台商投资股份有限公司									
外商投资企业	**41**	**33**	**24.2**	**10952**	**8769**	**24.9**	**1125**	**860**	**30.8**
中外合资经营企业	7	8	-12.5	457	907	-49.6	45	60	-25.0
中外合作经营企业									
外资企业	34	25	36.0	10495	7862	33.5	1080	800	35.0
外商投资股份有限公司									

3—11 续表

登记注册类型	营业收入（万元）			#零售额（万元）		
	2003 年	2002 年	增减%	2003 年	2002 年	增减%
合　　计	**632746**	**372910**	**69.7**	**626665**	**366526**	**71.0**
内资企业	**607092**	**354488**	**71.3**	**601011**	**348103**	**72.7**
国有企业	26326	30171	-12.7	20989	24515	-14.4
集体企业	20			20		
股份合作企业	4458	4058	9.9	4440	4048	9.7
联营企业						
国有联营企业						
集体联营企业						
国有与集体联营企业						
其他联营企业						
有限责任公司	324235	176684	83.5	324235	176684	83.5
国有独资公司	22068	22758	-3.0	22068	22758	-3.0
其他有限责任公司	302167	153925	96.3	302167	153925	96.3
股份有限公司						
私营企业	250683	142605	75.8	249957	141887	76.2
私营独资企业	15359	13580	13.1	15359	13580	13.1
私营合伙企业	18923	8607	119.9	18923	8607	119.9
私营有限责任公司	214325	118467	80.9	213599	117749	81.4
私营股份有限公司	2076	1952	6.4	2076	1952	6.4
其他企业	1370	970	41.2	1370	970	41.2
港澳台商投资企业	**13098**	**8384**	**56.2**	**13098**	**8384**	**56.2**
港澳台商合资经营企业	222	1362	-83.7	222	1362	-83.7
港澳台商合作经营企业						
港澳台商独资经营企业	12876	7022	83.4	12876	7022	83.4
港澳台商投资股份有限公司						
外商投资企业	**12556**	**10038**	**25.1**	**12556**	**10038**	**25.1**
中外合资经营企业	879	508	73.0	879	508	73.0
中外合作经营企业						
外资企业	11677	9531	22.5	11677	9531	22.5
外商投资股份有限公司						

3—12　限额以上加盟连锁正餐业情况

（按登记注册类型分）

登记注册类型	门店总数（个）			营业面积（平方米）			从业人数（人）		
	2003 年	2002 年	增减%	2003 年	2002 年	增减%	2003 年	2002 年	增减%
合　　计	**1721**	**1524**	**12.9**	**1206501**	**1115164**	**8.2**	**114049**	**271023**	**-57.9**
内资企业	**1700**	**1506**	**12.9**	**1201422**	**1110661**	**8.2**	**113451**	**270438**	**-58.0**
国有企业	120	115	4.3	27620	26540	4.1	1992	3120	-36.2
集体企业									
股份合作企业	2	2		1892	1892		307	299	2.7
联营企业									
国有联营企业									
集体联营企业									
国有与集体联营企业									
其他联营企业									
有限责任公司	669	624	7.2	535588	498423	7.5	50523	46010	9.8
国有独资公司	38	36	5.6	45503	40703	11.8	3311	3132	5.7
其他有限责任公司	631	588	7.3	490085	457720	7.1	47212	42878	10.1
股份有限公司									
私营企业	906	761	19.1	633222	580106	9.2	60341	220759	-72.7
私营独资企业	31	23	34.8	31770	30500	4.2	2004	2044	-2.0
私营合伙企业	167	212	-21.2	73510	94900	-22.5	14382	183110	-92.1
私营有限责任公司	703	520	35.2	518442	444246	16.7	43600	35150	24.0
私营股份有限公司	5	6	-16.7	9500	10460	-9.2	355	455	-22.0
其他企业	3	4	-25.0	3100	3700	-16.2	288	250	15.2
港澳台商投资企业	**17**	**14**	**21.4**	**5079**	**4503**	**12.8**	**598**	**585**	**2.2**
港澳台商合资经营企业									
港澳台商合作经营企业									
港澳台商独资经营企业	17	14	21.4	5079	4503	12.8	598	585	2.2
港澳台商投资股份有限公司									
外商投资企业	**4**	**4**							
中外合资经营企业	4	4							
中外合作经营企业									
外资企业									
外商投资股份有限公司									

3—12 续表

登记注册类型	营业收入（万元）			#零售额（万元）		
	2003 年	2002 年	增减%	2003 年	2002 年	增减%
合　　计	**595221**	**337897**	**76.2**	**594494**	**337179**	**76.3**
内资企业	**590121**	**334005**	**76.7**	**589395**	**333286**	**76.8**
国有企业	11024	10439	5.6	11024	10439	5.6
集体企业						
股份合作企业	4406	4019	9.6	4406	4019	9.6
联营企业						
国有联营企业						
集体联营企业						
国有与集体联营企业						
其他联营企业						
有限责任公司	323935	176341	83.7	323935	176341	83.7
国有独资公司	22068	22758	-3.0	22068	22758	-3.0
其他有限责任公司	301867	153583	96.5	301867	153583	96.5
股份有限公司						
私营企业	249387	142236	75.3	248661	141518	75.7
私营独资企业	15270	13474	13.3	15270	13474	13.3
私营合伙企业	18722	8494	120.4	18722	8494	120.4
私营有限责任公司	213320	118316	80.3	212594	117598	80.8
私营股份有限公司	2076	1952	6.4	2076	1952	6.4
其他企业	1370	970	41.2	1370	970	41.2
港澳台商投资企业	**4335**	**3462**	**25.2**	**4335**	**3462**	**25.2**
港澳台商合资经营企业						
港澳台商合作经营企业						
港澳台商独资经营企业	4335	3462	25.2	4335	3462	25.2
港澳台商投资股份有限公司						
外商投资企业	**765**	**431**	**77.5**	**765**	**431**	**77.5**
中外合资经营企业	765	431	77.5	765	431	77.5
中外合作经营企业						
外资企业						
外商投资股份有限公司						

3—13 限额以上加盟连锁快餐业情况

（按登记注册类型分）

登记注册类型	门店总数（个）			营业面积（平方米）			从业人数（人）		
	2003年	2002年	增减%	2003年	2002年	增减%	2003年	2002年	增减%
合　　计	**96**	**49**	**95.9**	**21856**	**13266**	**64.8**	**2154**	**1439**	**49.7**
内资企业	**36**	**15**	**140.0**	**3723**	**2930**	**27.1**	**524**	**400**	**31.0**
国有企业									
集体企业									
股份合作企业	14	3	366.7	793	260	205.0	89	24	270.8
联营企业									
国有联营企业									
集体联营企业									
国有与集体联营企业									
其他联营企业									
有限责任公司	3	6	-50.0	600	950	-36.8	90	150	-40.0
国有独资公司									
其他有限责任公司	3	6	-50.0	600	950	-36.8	90	150	-40.0
股份有限公司									
私营企业	19	6	216.7	2330	1720	35.5	345	226	52.7
私营独资企业									
私营合伙企业	1	3	-66.7	400	1200	-66.7	115	150	-23.3
私营有限责任公司	18	3	500.0	1930	520	271.2	230	76	202.6
私营股份有限公司									
其他企业									
港澳台商投资企业	**23**	**5**	**360.0**	**7181**	**1567**	**358.3**	**505**	**179**	**182.1**
港澳台商合资经营企业	1	2	-50.0	440	1567	-71.9	45	113	-60.2
港澳台商合作经营企业									
港澳台商独资经营企业	22	3	633.3	6741			460	66	597.0
港澳台商投资股份有限公司									
外商投资企业	**37**	**29**	**27.6**	**10952**	**8769**	**24.9**	**1125**	**860**	**30.8**
中外合资经营企业	3	4	-25.0	457	907	-49.6	45	60	-25.0
中外合作经营企业									
外资企业	34	25	36.0	10495	7862	33.5	1080	800	35.0
外商投资股份有限公司									

3—13 续表

登记注册类型	营业收入（万元）			#零售额（万元）		
	2003 年	2002 年	增减%	2003 年	2002 年	增减%
合　　计	**22114**	**15174**	**45.7**	**22096**	**15164**	**45.7**
内资企业	**1559**	**645**	**141.7**	**1541**	**635**	**142.7**
国有企业						
集体企业						
股份合作企业	52	39	33.3	34	29	17.2
联营企业						
国有联营企业						
集体联营企业						
国有与集体联营企业						
其他联营企业						
有限责任公司	300	342	-12.3	300	342	-12.3
国有独资公司						
其他有限责任公司	300	342	-12.3	300	342	-12.3
股份有限公司						
私营企业	1207	264	357.2	1207	264	357.2
私营独资企业						
私营合伙企业	202	113	78.8	202	113	78.8
私营有限责任公司	1005	151	565.6	1005	151	565.6
私营股份有限公司						
其他企业						
港澳台商投资企业	**8763**	**4922**	**78.0**	**8763**	**4922**	**78.0**
港澳台商合资经营企业	222	1362	-83.7	222	1362	-83.7
港澳台商合作经营企业						
港澳台商独资经营企业	8541	3560	139.9	8541	3560	139.9
港澳台商投资股份有限公司						
外商投资企业	**11792**	**9607**	**22.7**	**11792**	**9607**	**22.7**
中外合资经营企业	115	77	49.4	115	77	49.4
中外合作经营企业						
外资企业	11677	9531	22.5	11677	9531	22.5
外商投资股份有限公司						

3—14 各地区限额以上连锁餐饮集团数

（按业态分）

单位：个

地区	合计	正餐	快餐	咖啡店	其他餐饮
全国	**236**	**143**	**78**	**1**	**14**
北京	46	28	16	1	1
天津	10	3	5		2
河北	2	1	1		
山西	5	4	1		
内蒙古	3	3			
辽宁	7	2	5		
吉林	2	2			
黑龙江	3	2	1		
上海	15	14	1		
江苏	12	1	9		2
浙江	15	7	7		1
安徽	5	4	1		
福建	12	4	5		3
江西	4	3	1		
山东	9	5	4		
河南	4	4			
湖北	19	17	2		
湖南	5	3	2		
广东	21	12	9		
广西					
海南	1	1			
重庆	5	5			
四川	5	2	3		
贵州	2	2			
云南	3	1			2
西藏					
陕西	7	4	1		2
甘肃	5	4	1		
青海	3	2			1
宁夏					
新疆	6	3	3		

3—15　各地区限额以上连锁餐饮集团构成

（按业态分）

单位：%

地　区	合　计	正　餐	快　餐	咖啡店	其他餐饮
全　国	100.0	100.0	100.0	100.0	100.0
北　京	19.5	19.6	20.5	100.0	7.1
天　津	4.2	2.1	6.4		14.3
河　北	0.8	0.7	1.3		
山　西	2.1	2.8	1.3		
内蒙古	1.3	2.1			
辽　宁	3.0	1.4	6.4		
吉　林	0.8	1.4			
黑龙江	1.3	1.4	1.3		
上　海	6.4	9.8	1.3		
江　苏	5.1	0.7	11.5		14.3
浙　江	6.4	4.9	9.0		7.1
安　徽	2.1	2.8	1.3		
福　建	5.1	2.8	6.4		21.4
江　西	1.7	2.1	1.3		
山　东	3.8	3.5	5.1		
河　南	1.7	2.8			
湖　北	8.1	11.9	2.6		
湖　南	2.1	2.1	2.6		
广　东	8.9	8.4	11.5		
广　西					
海　南	0.4	0.7			
重　庆	2.1	3.5			
四　川	2.1	1.4	3.8		
贵　州	0.8	1.4			
云　南	1.3	0.7			14.3
西　藏					
陕　西	3.0	2.8	1.3		14.3
甘　肃	2.1	2.8	1.3		
青　海	1.3	1.4			7.1
宁　夏					
新　疆	2.5	2.1	3.8		

3—16 各地区限额以上连锁餐饮企业门店数

（按业态分）

单位：个

地区	2003年	2002年	增减%	正餐			快餐		
				2003年	2002年	增减%	2003年	2002年	增减%
全国	**5451**	**4742**	**15.0**	**2798**	**2508**	**11.6**	**1966**	**1659**	**18.5**
北京	751	680	10.4	221	197	12.2	434	392	10.7
天津	551	504	9.3	72	72		101	73	38.4
河北	187	168	11.3	146	135	8.1	39	33	18.2
山西	124	112	10.7	106	100	6.0	18	12	50.0
内蒙古	85	88	-3.4	72	78	-7.7	13	10	30.0
辽宁	224	211	6.2	115	114	0.9	97	86	12.8
吉林	61	64	-4.7	37	39	-5.1	22	23	-4.3
黑龙江	132	110	20.0	92	77	19.5	40	33	21.2
上海	469	444	5.6	379	365	3.8	72	61	18.0
江苏	286	246	16.3	44	38	15.8	226	185	22.2
浙江	229	167	37.1	54	38	42.1	160	116	37.9
安徽	72	70	2.9	44	46	-4.3	28	24	16.7
福建	212	126	68.3	33	34	-2.9	71	63	12.7
江西	33	32	3.1	24	21	14.3	9	11	-18.2
山东	278	217	28.1	195	145	34.5	82	71	15.5
河南	172	170	1.2	171	169	1.2	1	1	
湖北	171	164	4.3	108	107	0.9	63	57	10.5
湖南	84	78	7.7	47	49	-4.1	37	29	27.6
广东	474	396	19.7	141	111	27.0	333	285	16.8
广西	11	8	37.5	11	8	37.5			
海南	6	7	-14.3	5	6	-16.7	1	1	
重庆	121	103	17.5	121	103	17.5			
四川	257	176	46.0	177	113	56.6	79	63	25.4
贵州	37	32	15.6	37	32	15.6			
云南	62	50	24.0	39	34	14.7	1		
西藏	5	4	25.0	5	4	25.0			
陕西	129	108	19.4	104	94	10.6	17	10	70.0
甘肃	81	71	14.1	76	65	16.9	5	6	-16.7
青海	24	26	-7.7	16	18	-11.1			
宁夏	9	11	-18.2	9	11	-18.2			
新疆	114	99	15.2	97	85	14.1	17	14	21.4

3—17 各地区限额以上连锁餐饮企业门店构成

（按业态分）

单位：个

地　区	2003 年	2002 年	正餐		快餐	
			2003 年	2002 年	2003 年	2002 年
全　国	**100.0**	**100.0**	**100.0**	**100.0**	**100.0**	**100.0**
北　京	13.8	14.3	7.9	7.9	22.1	23.6
天　津	10.1	10.6	2.6	2.9	5.1	4.4
河　北	3.4	3.5	5.2	5.4	2.0	2.0
山　西	2.3	2.4	3.8	4.0	0.9	0.7
内蒙古	1.6	1.9	2.6	3.1	0.7	0.6
辽　宁	4.1	4.4	4.1	4.5	4.9	5.2
吉　林	1.1	1.3	1.3	1.6	1.1	1.4
黑龙江	2.4	2.3	3.3	3.1	2.0	2.0
上　海	8.6	9.4	13.5	14.6	3.7	3.7
江　苏	5.2	5.2	1.6	1.5	11.5	11.2
浙　江	4.2	3.5	1.9	1.5	8.1	7.0
安　徽	1.3	1.5	1.6	1.8	1.4	1.4
福　建	3.9	2.7	1.2	1.4	3.6	3.8
江　西	0.6	0.7	0.9	0.8	0.5	0.7
山　东	5.1	4.6	7.0	5.8	4.2	4.3
河　南	3.2	3.6	6.1	6.7	0.1	0.1
湖　北	3.1	3.5	3.9	4.3	3.2	3.4
湖　南	1.5	1.6	1.7	2.0	1.9	1.7
广　东	8.7	8.4	5.0	4.4	16.9	17.2
广　西	0.2	0.2	0.4	0.3		
海　南	0.1	0.1	0.2	0.2	0.1	0.1
重　庆	2.2	2.2	4.3	4.1		
四　川	4.7	3.7	6.3	4.5	4.0	3.8
贵　州	0.7	0.7	1.3	1.3		
云　南	1.1	1.1	1.4	1.4	0.1	
西　藏	0.1	0.1	0.2	0.2		
陕　西	2.4	2.3	3.7	3.7	0.9	0.6
甘　肃	1.5	1.5	2.7	2.6	0.3	0.4
青　海	0.4	0.5	0.6	0.7		
宁　夏	0.2	0.2	0.3	0.4		
新　疆	2.1	2.1	3.5	3.4	0.9	0.8

3-18 各地区限额以上直营连锁餐饮企业门店数

（按业态分）

单位：个

地 区	2003 年	2002 年	增减%	正餐			快餐		
				2003 年	2002 年	增减%	2003 年	2002 年	增减%
全 国	**3208**	**2746**	**16.8**	**1077**	**984**	**9.5**	**1870**	**1610**	**16.1**
北 京	674	602	12.0	194	169	14.8	433	391	10.7
天 津	168	118	42.4	30	25	20.0	95	69	37.7
河 北	42	34	23.5	4	2	100.0	38	32	18.8
山 西	31	23	34.8	13	11	18.2	18	12	50.0
内蒙古	34	27	25.9	23	17	35.3	11	10	10.0
辽 宁	101	98	3.1	10	12	-16.7	91	86	5.8
吉 林	25	27	-7.4	3	4	-25.0	22	23	-4.3
黑龙江	43	43		11	11		32	32	
上 海	440	416	5.8	364	351	3.7	72	61	18.0
江 苏	237	210	12.9	22	19	15.8	207	180	15.0
浙 江	202	152	32.9	29	25	16.0	158	114	38.6
安 徽	56	54	3.7	28	30	-6.7	28	24	16.7
福 建	192	108	77.8	15	16	-6.3	69	63	9.5
江 西	17	16	6.3	9	8	12.5	8	8	
山 东	100	86	16.3	17	14	21.4	82	71	15.5
河 南	19	19		18	18		1	1	
湖 北	117	111	5.4	54	54		63	57	10.5
湖 南	45	37	21.6	8	8		37	29	27.6
广 东	416	351	18.5	83	66	25.8	333	285	16.8
广 西	6	4	50.0	6	4	50.0			
海 南	3	3		2	2		1	1	
重 庆	26	22	18.2	26	22	18.2			
四 川	79	63	25.4	31	24	29.2	48	39	23.1
贵 州	11	12	-8.3	11	12	-8.3			
云 南	25	20	25.0	5	4	25.0	1		
西 藏	1	1		1	1				
陕 西	32	30	6.7	21	20	5.0	3	6	-50.0
甘 肃	22	19	15.8	20	17	17.6	2	2	
青 海	15	15		7	7				
宁 夏	2	3	-33.3	2	3	-33.3			
新 疆	27	22	22.7	10	8	25.0	17	14	21.4

3—19 各地区限额以上直营连锁餐饮企业门店构成

（按业态分）

单位：%

地 区	2003年	2002年	正餐		快餐	
			2003年	2002年	2003年	2002年
全 国	**100.0**	**100.0**	**100.0**	**100.0**	**100.0**	**100.0**
北 京	21.0	21.9	18.0	17.2	23.2	24.3
天 津	5.2	4.3	2.8	2.5	5.1	4.3
河 北	1.3	1.2	0.4	0.2	2.0	2.0
山 西	1.0	0.8	1.2	1.1	1.0	0.7
内蒙古	1.1	1.0	2.1	1.7	0.6	0.6
辽 宁	3.1	3.6	0.9	1.2	4.9	5.3
吉 林	0.8	1.0	0.3	0.4	1.2	1.4
黑龙江	1.3	1.6	1.0	1.1	1.7	2.0
上 海	13.7	15.1	33.8	35.7	3.9	3.8
江 苏	7.4	7.6	2.0	1.9	11.1	11.2
浙 江	6.3	5.5	2.7	2.5	8.4	7.1
安 徽	1.7	2.0	2.6	3.0	1.5	1.5
福 建	6.0	3.9	1.4	1.6	3.7	3.9
江 西	0.5	0.6	0.8	0.8	0.4	0.5
山 东	3.1	3.1	1.6	1.4	4.4	4.4
河 南	0.6	0.7	1.7	1.8	0.1	0.1
湖 北	3.6	4.0	5.0	5.5	3.4	3.5
湖 南	1.4	1.3	0.7	0.8	2.0	1.8
广 东	13.0	12.8	7.7	6.7	17.8	17.7
广 西	0.2	0.1	0.6	0.4		
海 南	0.1	0.1	0.2	0.2	0.1	0.1
重 庆	0.8	0.8	2.4	2.2		
四 川	2.5	2.3	2.9	2.4	2.6	2.4
贵 州	0.3	0.4	1.0	1.2		
云 南	0.8	0.7	0.5	0.4	0.1	
西 藏	0.0	0.0	0.1	0.1		
陕 西	1.0	1.1	1.9	2.0	0.2	0.4
甘 肃	0.7	0.7	1.9	1.7	0.1	0.1
青 海	0.5	0.5	0.6	0.7		
宁 夏	0.1	0.1	0.2	0.3		
新 疆	0.8	0.8	0.9	0.8	0.9	0.9

3—20 各地区限额以上加盟连锁餐饮企业门店数

（按业态分）

单位：个

地区	2003年	2002年	增减%	正餐			快餐		
				2003年	2002年	增减%	2003年	2002年	增减%
全国	**2243**	**1996**	**12.4**	**1721**	**1524**	**12.9**	**96**	**49**	**95.9**
北京	77	78	-1.3	27	28	-3.6	1	1	
天津	383	386	-0.8	42	47	-10.6	6	4	50.0
河北	145	134	8.2	142	133	6.8	1	1	
山西	93	89	4.5	93	89	4.5			
内蒙古	51	61	-16.4	49	61	-19.7	2		
辽宁	123	113	8.8	105	102	2.9	6		
吉林	36	37	-2.7	34	35	-2.9			
黑龙江	89	67	32.8	81	66	22.7	8	1	700.0
上海	29	28	3.6	15	14	7.1			
江苏	49	36	36.1	22	19	15.8	19	5	280.0
浙江	27	15	80.0	25	13	92.3	2	2	
安徽	16	16		16	16				
福建	20	18	11.1	18	18		2		
江西	16	16		15	13	15.4	1	3	-66.7
山东	178	131	35.9	178	131	35.9			
河南	153	151	1.3	153	151	1.3			
湖北	54	53	1.9	54	53	1.9			
湖南	39	41	-4.9	39	41	-4.9			
广东	58	45	28.9	58	45	28.9			
广西	5	4	25.0	5	4	25.0			
海南	3	4	-25.0	3	4	-25.0			
重庆	95	81	17.3	95	81	17.3			
四川	178	113	57.5	146	89	64.0	31	24	29.2
贵州	26	20	30.0	26	20	30.0			
云南	37	30	23.3	34	30	13.3			
西藏	4	3	33.3	4	3	33.3			
陕西	97	78	24.4	83	74	12.2	14	4	250.0
甘肃	59	52	13.5	56	48	16.7	3	4	-25.0
青海	9	11	-18.2	9	11	-18.2			
宁夏	7	8	-12.5	7	8	-12.5			
新疆	87	77	13.0	87	77	13.0			

3-21　各地区限额以上加盟连锁餐饮企业门店构成

（按业态分）　　　　　　　　单位：%

地　区	2003 年	2002 年	正餐		快餐	
			2003 年	2002 年	2003 年	2002 年
全　国	**100.0**	**100.0**	**100.0**	**100.0**	**100.0**	**100.0**
北　京	3.4	3.9	1.6	1.8	1.0	2.0
天　津	17.1	19.3	2.4	3.1	6.3	8.2
河　北	6.5	6.7	8.3	8.7	1.0	2.0
山　西	4.1	4.5	5.4	5.8		
内蒙古	2.3	3.1	2.8	4.0	2.1	
辽　宁	5.5	5.7	6.1	6.7	6.3	
吉　林	1.6	1.9	2.0	2.3		
黑龙江	4.0	3.4	4.7	4.3	8.3	2.0
上　海	1.3	1.4	0.9	0.9		
江　苏	2.2	1.8	1.3	1.2	19.8	10.2
浙　江	1.2	0.8	1.5	0.9	2.1	4.1
安　徽	0.7	0.8	0.9	1.0		
福　建	0.9	0.9	1.0	1.2	2.1	
江　西	0.7	0.8	0.9	0.9	1.0	6.1
山　东	7.9	6.6	10.3	8.6		
河　南	6.8	7.6	8.9	9.9		
湖　北	2.4	2.7	3.1	3.5		
湖　南	1.7	2.1	2.3	2.7		
广　东	2.6	2.3	3.4	3.0		
广　西	0.2	0.2	0.3	0.3		
海　南	0.1	0.2	0.2	0.3		
重　庆	4.2	4.1	5.5	5.3		
四　川	7.9	5.7	8.5	5.8	32.3	49.0
贵　州	1.2	1.0	1.5	1.3		
云　南	1.6	1.5	2.0	2.0		
西　藏	0.2	0.2	0.2	0.2		
陕　西	4.3	3.9	4.8	4.9	14.6	8.2
甘　肃	2.6	2.6	3.3	3.1	3.1	8.2
青　海	0.4	0.6	0.5	0.7		
宁　夏	0.3	0.4	0.4	0.5		
新　疆	3.9	3.9	5.1	5.1		

3—22 各地区限额以上连锁餐饮企业门店数

（按登记注册类型分）

单位：个

地区	合计			直营店			加盟店		
	2003年	2002年	增减%	2003年	2002年	增减%	2003年	2002年	增减%
全国	**5451**	**4742**	**15.0**	**3208**	**2746**	**16.8**	**2243**	**1996**	**12.4**
北京	751	680	10.4	674	602	12.0	77	78	-1.3
天津	551	504	9.3	168	118	42.4	383	386	-0.8
河北	187	168	11.3	42	34	23.5	145	134	8.2
山西	124	112	10.7	31	23	34.8	93	89	4.5
内蒙古	85	88	-3.4	34	27	25.9	51	61	-16.4
辽宁	224	211	6.2	101	98	3.1	123	113	8.8
吉林	61	64	-4.7	25	27	-7.4	36	37	-2.7
黑龙江	132	110	20.0	43	43		89	67	32.8
上海	469	444	5.6	440	416	5.8	29	28	3.6
江苏	286	246	16.3	237	210	12.9	49	36	36.1
浙江	229	167	37.1	202	152	32.9	27	15	80.0
安徽	72	70	2.9	56	54	3.7	16	16	
福建	212	126	68.3	192	108	77.8	20	18	11.1
江西	33	32	3.1	17	16	6.3	16	16	
山东	278	217	28.1	100	86	16.3	178	131	35.9
河南	172	170	1.2	19	19		153	151	1.3
湖北	171	164	4.3	117	111	5.4	54	53	1.9
湖南	84	78	7.7	45	37	21.6	39	41	-4.9
广东	474	396	19.7	416	351	18.5	58	45	28.9
广西	11	8	37.5	6	4	50.0	5	4	25.0
海南	6	7	-14.3	3	3		3	4	-25.0
重庆	121	103	17.5	26	22	18.2	95	81	17.3
四川	257	176	46.0	79	63	25.4	178	113	57.5
贵州	37	32	15.6	11	12	-8.3	26	20	30.0
云南	62	50	24.0	25	20	25.0	37	30	23.3
西藏	5	4	25.0	1	1		4	3	33.3
陕西	129	108	19.4	32	30	6.7	97	78	24.4
甘肃	81	71	14.1	22	19	15.8	59	52	13.5
青海	24	26	-7.7	15	15		9	11	-18.2
宁夏	9	11	-18.2	2	3	-33.3	7	8	-12.5
新疆	114	99	15.2	27	22	22.7	87	77	13.0

3—23 各地区限额以上连锁餐饮企业门店构成

（按登记注册类型分）

单位：%

地 区	合计		直营店		加盟店	
	2003年	2002年	2003年	2002年	2003年	2002年
全 国	**100.0**	**100.0**	**100.0**	**100.0**	**100.0**	**100.0**
北 京	13.8	14.3	21.0	21.9	3.4	3.9
天 津	10.1	10.6	5.2	4.3	17.1	19.3
河 北	3.4	3.5	1.3	1.2	6.5	6.7
山 西	2.3	2.4	1.0	0.8	4.1	4.5
内蒙古	1.6	1.9	1.1	1.0	2.3	3.1
辽 宁	4.1	4.4	3.1	3.6	5.5	5.7
吉 林	1.1	1.3	0.8	1.0	1.6	1.9
黑龙江	2.4	2.3	1.3	1.6	4.0	3.4
上 海	8.6	9.4	13.7	15.1	1.3	1.4
江 苏	5.2	5.2	7.4	7.6	2.2	1.8
浙 江	4.2	3.5	6.3	5.5	1.2	0.8
安 徽	1.3	1.5	1.7	2.0	0.7	0.8
福 建	3.9	2.7	6.0	3.9	0.9	0.9
江 西	0.6	0.7	0.5	0.6	0.7	0.8
山 东	5.1	4.6	3.1	3.1	7.9	6.6
河 南	3.2	3.6	0.6	0.7	6.8	7.6
湖 北	3.1	3.5	3.6	4.0	2.4	2.7
湖 南	1.5	1.6	1.4	1.3	1.7	2.1
广 东	8.7	8.4	13.0	12.8	2.6	2.3
广 西	0.2	0.2	0.2	0.1	0.2	0.2
海 南	0.1	0.1	0.1	0.1	0.1	0.2
重 庆	2.2	2.2	0.8	0.8	4.2	4.1
四 川	4.7	3.7	2.5	2.3	7.9	5.7
贵 州	0.7	0.7	0.3	0.4	1.2	1.0
云 南	1.1	1.1	0.8	0.7	1.6	1.5
西 藏	0.1	0.1			0.2	0.2
陕 西	2.4	2.3	1.0	1.1	4.3	3.9
甘 肃	1.5	1.5	0.7	0.7	2.6	2.6
青 海	0.4	0.5	0.5	0.5	0.4	0.6
宁 夏	0.2	0.2	0.1	0.1	0.3	0.4
新 疆	2.1	2.1	0.8	0.8	3.9	3.9

3—24 各地区限额以上连锁餐饮业内资企业门店数

（按登记注册类型分）

单位：个

地区	合计			直营店			加盟店		
	2003 年	2002 年	增减%	2003 年	2002 年	增减%	2003 年	2002 年	增减%
全国	**3538**	**3201**	**10.5**	**1376**	**1257**	**9.5**	**2162**	**1944**	**11.2**
北京	400	370	8.1	328	296	10.8	72	74	-2.7
天津	458	437	4.8	81	55	47.3	377	382	-1.3
河北	149	142	4.9	5	8	-37.5	144	134	7.5
山西	117	108	8.3	24	19	26.3	93	89	4.5
内蒙古	72	78	-7.7	23	17	35.3	49	61	-19.7
辽宁	129	127	1.6	12	14	-14.3	117	113	3.5
吉林	39	41	-4.9	3	4	-25.0	36	37	-2.7
黑龙江	96	81	18.5	15	15		81	66	22.7
上海	227	238	-4.6	198	210	-5.7	29	28	3.6
江苏	153	133	15.0	104	97	7.2	49	36	36.1
浙江	115	87	32.2	88	72	22.2	27	15	80.0
安徽	44	46	-4.3	28	30	-6.7	16	16	
福建	21	22	-4.5	3	4	-25.0	18	18	
江西	31	30	3.3	15	14	7.1	16	16	
山东	207	161	28.6	29	30	-3.3	178	131	35.9
河南	170	168	1.2	17	17		153	151	1.3
湖北	108	107	0.9	54	54		54	53	1.9
湖南	47	49	-4.1	8	8		39	41	-4.9
广东	206	170	21.2	148	125	18.4	58	45	28.9
广西	11	8	37.5	6	4	50.0	5	4	25.0
海南	5	6	-16.7	2	2		3	4	-25.0
重庆	100	85	17.6	22	18	22.2	78	67	16.4
四川	178	113	57.5	31	24	29.2	147	89	65.2
贵州	37	32	15.6	11	12	-8.3	26	20	30.0
云南	61	50	22.0	24	20	20.0	37	30	23.3
西藏	5	4	25.0	1	1		4	3	33.3
陕西	129	107	20.6	32	30	6.7	97	77	26.0
甘肃	76	65	16.9	20	17	17.6	56	48	16.7
青海	24	26	-7.7	15	15		9	11	-18.2
宁夏	9	11	-18.2	2	3	-33.3	7	8	-12.5
新疆	114	99	15.2	27	22	22.7	87	77	13.0

3—25 各地区限额以上连锁餐饮业内资企业门店构成

（按登记注册类型分）

单位：%

地 区	合计		直营店		加盟店	
	2003 年	2002 年	2003 年	2002 年	2003 年	2002 年
全 国	**100.0**	**100.0**	**100.0**	**100.0**	**100.0**	**100.0**
北 京	11.3	11.6	23.8	23.5	3.3	3.8
天 津	12.9	13.7	5.9	4.4	17.4	19.7
河 北	4.2	4.4	0.4	0.6	6.7	6.9
山 西	3.3	3.4	1.7	1.5	4.3	4.6
内蒙古	2.0	2.4	1.7	1.4	2.3	3.1
辽 宁	3.6	4.0	0.9	1.1	5.4	5.8
吉 林	1.1	1.3	0.2	0.3	1.7	1.9
黑龙江	2.7	2.5	1.1	1.2	3.7	3.4
上 海	6.4	7.4	14.4	16.7	1.3	1.4
江 苏	4.3	4.2	7.6	7.7	2.3	1.9
浙 江	3.3	2.7	6.4	5.7	1.2	0.8
安 徽	1.2	1.4	2.0	2.4	0.7	0.8
福 建	0.6	0.7	0.2	0.3	0.8	0.9
江 西	0.9	0.9	1.1	1.1	0.7	0.8
山 东	5.9	5.0	2.1	2.4	8.2	6.7
河 南	4.8	5.2	1.2	1.4	7.1	7.8
湖 北	3.1	3.3	3.9	4.3	2.5	2.7
湖 南	1.3	1.5	0.6	0.6	1.8	2.1
广 东	5.8	5.3	10.8	9.9	2.7	2.3
广 西	0.3	0.2	0.4	0.3	0.2	0.2
海 南	0.1	0.2	0.1	0.2	0.1	0.2
重 庆	2.8	2.7	1.6	1.4	3.6	3.4
四 川	5.0	3.5	2.3	1.9	6.8	4.6
贵 州	1.0	1.0	0.8	1.0	1.2	1.0
云 南	1.7	1.6	1.7	1.6	1.7	1.5
西 藏	0.1	0.1	0.1	0.1	0.2	0.2
陕 西	3.6	3.3	2.3	2.4	4.5	4.0
甘 肃	2.1	2.0	1.5	1.4	2.6	2.5
青 海	0.7	0.8	1.1	1.2	0.4	0.6
宁 夏	0.3	0.3	0.1	0.2	0.3	0.4
新 疆	3.2	3.1	2.0	1.8	4.0	4.0

3—26 各地区限额以上连锁餐饮业港澳台商投资企业门店数

（按登记注册类型分）

单位：个

地 区	合计			直营店			加盟店		
	2003年	2002年	增减%	2003年	2002年	增减%	2003年	2002年	增减%
全 国	**443**	**314**	**41.1**	**403**	**295**	**36.6**	**40**	**19**	**110.5**
北 京	46	44	4.5	45	44	2.3	1		
天 津	18	13	38.5	13	10	30.0	5	3	66.7
河 北	7			6			1		
山 西									
内蒙古	3	1	200.0	1	1		2		
辽 宁	15	9	66.7	9	9		6		
吉 林									
黑龙江	8	1	700.0				8	1	700.0
上 海	128	108	18.5	128	108	18.5			
江 苏	1	1		1	1				
浙 江									
安 徽									
福 建	124	45	175.6	124	45	175.6			
江 西									
山 东									
河 南	1	1		1	1				
湖 北									
湖 南									
广 东	54	55	-1.8	54	55	-1.8			
广 西									
海 南	1	1		1	1				
重 庆	21	18	16.7	4	4		17	14	21.4
四 川	16	16		16	16				
贵 州									
云 南									
西 藏									
陕 西		1	-100.0					1	-100.0
甘 肃									
青 海									
宁 夏									
新 疆									

3—27 各地区限额以上连锁餐饮业港澳台商投资企业门店构成

（按登记注册类型分）

单位：%

地区	合计		直营店		加盟店	
	2003 年	2002 年	2003 年	2002 年	2003 年	2002 年
全国	**100.0**	**100.0**	**100.0**	**100.0**	**100.0**	**100.0**
北京	10.4	14.0	11.2	14.9	2.5	
天津	4.1	4.1	3.2	3.4	12.5	15.8
河北	1.6		1.5		2.5	
山西						
内蒙古	0.7	0.3	0.2	0.3	5.0	
辽宁	3.4	2.9	2.2	3.1	15.0	
吉林						
黑龙江	1.8	0.3			20.0	5.3
上海	28.9	34.4	31.8	36.6		
江苏	0.2	0.3	0.2	0.3		
浙江						
安徽						
福建	28.0	14.3	30.8	15.3		
江西						
山东						
河南	0.2	0.3	0.2	0.3		
湖北						
湖南						
广东	12.2	17.5	13.4	18.6		
广西						
海南	0.2	0.3	0.2	0.3		
重庆	4.7	5.7	1.0	1.4	42.5	73.7
四川	3.6	5.1	4.0	5.4		
贵州						
云南						
西藏						
陕西		0.3				5.3
甘肃						
青海						
宁夏						
新疆						

3—28 各地区限额以上连锁餐饮业外商投资企业门店数

（按登记注册类型分）

单位：个

地区	合计			直营店			加盟店		
	2003年	2002年	增减%	2003年	2002年	增减%	2003年	2002年	增减%
全　国	**1470**	**1227**	**19.8**	**1429**	**1194**	**19.7**	**41**	**33**	**24.2**
北　京	305	266	14.7	301	262	14.9	4	4	
天　津	75	54	38.9	74	53	39.6	1	1	
河　北	31	26	19.2	31	26	19.2			
山　西	7	4	75.0	7	4	75.0			
内蒙古	10	9	11.1	10	9	11.1			
辽　宁	80	75	6.7	80	75	6.7			
吉　林	22	23	-4.3	22	23	-4.3			
黑龙江	28	28		28	28				
上　海	114	98	16.3	114	98	16.3			
江　苏	132	112	17.9	132	112	17.9			
浙　江	114	80	42.5	114	80	42.5			
安　徽	28	24	16.7	28	24	16.7			
福　建	67	59	13.6	65	59	10.2	2		
江　西	2	2		2	2				
山　东	71	56	26.8	71	56	26.8			
河　南	1	1		1	1				
湖　北	63	57	10.5	63	57	10.5			
湖　南	37	29	27.6	37	29	27.6			
广　东	214	171	25.1	214	171	25.1			
广　西									
海　南									
重　庆									
四　川	63	47	34.0	32	23	39.1	31	24	29.2
贵　州									
云　南	1			1					
西　藏									
陕　西			0.3						5.3
甘　肃									
青　海									
宁　夏									
新　疆									

3—29 各地区限额以上连锁餐饮业外商投资企业门店构成

（按登记注册类型分）

单位：%

地 区	合计		直营店		加盟店	
	2003 年	2002 年	2003 年	2002 年	2003 年	2002 年
全 国	**100.0**	**100.0**	**100.0**	**100.0**	**100.0**	**100.0**
北 京	20.7	21.7	21.1	21.9	9.8	12.1
天 津	5.1	4.4	5.2	4.4	2.4	3.0
河 北	2.1	2.1	2.2	2.2		
山 西	0.5	0.3	0.5	0.3		
内蒙古	0.7	0.7	0.7	0.8		
辽 宁	5.4	6.1	5.6	6.3		
吉 林	1.5	1.9	1.5	1.9		
黑龙江	1.9	2.3	2.0	2.3		
上 海	7.8	8.0	8.0	8.2		
江 苏	9.0	9.1	9.2	9.4		
浙 江	7.8	6.5	8.0	6.7		
安 徽	1.9	2.0	2.0	2.0		
福 建	4.6	4.8	4.5	4.9	4.9	
江 西	0.1	0.2	0.1	0.2		
山 东	4.8	4.6	5.0	4.7		
河 南	0.1	0.1	0.1	0.1		
湖 北	4.3	4.6	4.4	4.8		
湖 南	2.5	2.4	2.6	2.4		
广 东	14.6	13.9	15.0	14.3		
广 西						
海 南						
重 庆						
四 川	4.3	3.8	2.2	1.9	75.6	72.7
贵 州						
云 南	0.1		0.1			
西 藏						
陕 西						
甘 肃	0.3	0.5	0.1	0.2	7.3	12.1
青 海						
宁 夏						
新 疆						

3—30 各地区限额以上连锁餐饮企业营业面积

（按业态分）

单位：平方米

地 区	2003 年	2002 年	增减%	正餐			快餐		
				2003 年	2002 年	增减%	2003 年	2002 年	增减%
全 国	**3677906**	**3214481**	**14.4**	**2276539**	**2074336**	**9.7**	**1350581**	**1098491**	**22.9**
北 京	333144	308517	8.0	195254	174008	12.2	129423	127235	1.7
天 津	101256	83843	20.8	27447	28950	-5.2	59646	41359	44.2
河 北	4540	5980	-24.1	2180	2180		2360	3800	-37.9
山 西	24796	24246	2.3	20000	20600	-2.9	4796	3646	31.5
内蒙古	540000	495860	8.9	540000	495860	8.9			
辽 宁	194411	185414	4.9	135700	127800	6.2	58711	57614	1.9
吉 林	1800	2300	-21.7	1800	2300	-21.7			
黑龙江	5275	5275		4275	4275		1000	1000	
上 海	198897	193809	2.6	181170	176938	2.4	17727	16871	5.1
江 苏	91435	73424	24.5	3600	3600		86385	68124	26.8
浙 江	131849	114379	15.3	59030	59510	-0.8	68319	50969	34.0
安 徽	98594	65397	50.8	94078	61400	53.2	4516	3997	13.0
福 建	33858	29634	14.3	6914	7214	-4.2	21546	18462	16.7
江 西	36300	36000	0.8	33500	32400	3.4	2800	3600	-22.2
山 东	40933	32600	25.6	9280	4900	89.4	31653	27700	14.3
河 南	8127	7577	7.3	8127	7577	7.3			
湖 北	206532	209752	-1.5	167244	174294	-4.0	39288	35458	10.8
湖 南	30272	26202	15.5	12300	11860	3.7	17972	14342	25.3
广 东	237719	215617	10.3	79958	78038	2.5	157761	137579	14.7
广 西									
海 南	1300	1300		1300	1300				
重 庆	567950	479853	18.4	567950	479853	18.4			
四 川	654711	490663	33.4	19370	13800	40.4	635341	476863	33.2
贵 州	11209	11209		11209	11209				
云 南	49008	47108	4.0	41600	41600				
西 藏									
陕 西	33149	29406	12.7	23066	23066		1003	840	19.4
甘 肃	16319	15214	7.3	14056	12501	12.4	2263	2713	-16.6
青 海	8868	10100	-12.2	8548	9820	-13.0			
宁 夏									
新 疆	15654	13802	13.4	7583	7483	1.3	8071	6319	27.7

3—31 各地区限额以上连锁餐饮企业营业面积构成

（按业态分）

单位：%

地 区	2003 年	2002 年	正餐		快餐	
			2003 年	2002 年	2003 年	2002 年
全 国	**100.0**	**100.0**	**100.0**	**100.0**	**100.0**	**100.0**
北 京	9.1	9.6	8.6	8.4	9.6	11.6
天 津	2.8	2.6	1.2	1.4	4.4	3.8
河 北	0.1	0.2	0.1	0.1	0.2	0.3
山 西	0.7	0.8	0.9	1.0	0.4	0.3
内蒙古	14.7	15.4	23.7	23.9		
辽 宁	5.3	5.8	6.0	6.2	4.3	5.2
吉 林		0.1	0.1	0.1		
黑龙江	0.1	0.2	0.2	0.2	0.1	0.1
上 海	5.4	6.0	8.0	8.5	1.3	1.5
江 苏	2.5	2.3	0.2	0.2	6.4	6.2
浙 江	3.6	3.6	2.6	2.9	5.1	4.6
安 徽	2.7	2.0	4.1	3.0	0.3	0.4
福 建	0.9	0.9	0.3	0.3	1.6	1.7
江 西	1.0	1.1	1.5	1.6	0.2	0.3
山 东	1.1	1.0	0.4	0.2	2.3	2.5
河 南	0.2	0.2	0.4	0.4		
湖 北	5.6	6.5	7.3	8.4	2.9	3.2
湖 南	0.8	0.8	0.5	0.6	1.3	1.3
广 东	6.5	6.7	3.5	3.8	11.7	12.5
广 西						
海 南			0.1	0.1		
重 庆	15.4	14.9	24.9	23.1		
四 川	17.8	15.3	0.9	0.7	47.0	43.4
贵 州	0.3	0.3	0.5	0.5		
云 南	1.3	1.5	1.8	2.0		
西 藏						
陕 西	0.9	0.9	1.0	1.1	0.1	0.1
甘 肃	0.4	0.5	0.6	0.6	0.2	0.2
青 海	0.2	0.3	0.4	0.5		
宁 夏						
新 疆	0.4	0.4	0.3	0.4	0.6	0.6

3—32 各地区限额以上直营连锁餐饮企业营业面积

（按业态分）

单位：平方米

地 区	2003 年	2002 年	增减%	正餐			快餐		
				2003 年	2002 年	增减%	2003 年	2002 年	增减%
全 国	**2443876**	**2081749**	**17.4**	**1070038**	**959172**	**11.6**	**1328725**	**1085225**	**22.4**
北 京	287201	266247	7.9	149751	133305	12.3	128983	125668	2.6
天 津	86180	74629	15.5	23580	24360	-3.2	52510	40697	29.0
河 北	4540	5970	-24.0	2180	2180		2360	3790	-37.7
山 西	24796	24246	2.3	20000	20600	-2.9	4796	3646	31.5
内蒙古	72362	58260	24.2	72362	58260	24.2			
辽 宁	94811	89114	6.4	36100	31500	14.6	58711	57614	1.9
吉 林	1800	2300	-21.7	1800	2300	-21.7			
黑龙江	3559	3559		2559	2559		1000	1000	
上 海	198867	193779	2.6	181140	176908	2.4	17727	16871	5.1
江 苏	88705	71624	23.8	3600	3600		83855	66664	25.8
浙 江	127019	109249	16.3	54200	54380	-0.3	68319	50969	34.0
安 徽	98594	65397	50.8	94078	61400	53.2	4516	3997	13.0
福 建	33058	29634	11.6	6914	7214	-4.2	20746	18462	12.4
江 西	30900	29800	3.7	28500	27400	4.0	2400	2400	
山 东	37763	32600	15.8	6110	4900	24.7	31653	27700	14.3
河 南	7427	7427		7427	7427				
湖 北	144632	140952	2.6	105344	105494	-0.1	39288	35458	10.8
湖 南	24372	20742	17.5	6400	6400		17972	14342	25.3
广 东	235507	213485	10.3	77746	75906	2.4	157761	137579	14.7
广 西									
海 南	1300	1300		1300	1300				
重 庆	117115	80850	44.9	117115	80850	44.9			
四 川	635611	477963	33.0	9570	8300	15.3	626041	469663	33.3
贵 州	8409	8409		8409	8409				
云 南	10408	9908	5.0	4400	4400				
西 藏									
陕 西	32356	29146	11.0	23066	23066		210	580	-63.8
甘 肃	13162	12357	6.5	11356	10551	7.6	1806	1806	
青 海	8868	10100	-12.2	8548	9820	-13.0			
宁 夏									
新 疆	14554	12702	14.6	6483	6383	1.6	8071	6319	27.7

3—33 各地区限额以上直营连锁餐饮企业营业面积构成

（按业态分）

单位：%

地 区	2003年	2002年	正餐		快餐	
			2003年	2002年	2003年	2002年
全 国	**100.0**	**100.0**	**100.0**	**100.0**	**100.0**	**100.0**
北 京	11.8	12.8	14.0	13.9	9.7	11.6
天 津	3.5	3.6	2.2	2.5	4.0	3.8
河 北	0.2	0.3	0.2	0.2	0.2	0.3
山 西	1.0	1.2	1.9	2.1	0.4	0.3
内蒙古	3.0	2.8	6.8	6.1		
辽 宁	3.9	4.3	3.4	3.3	4.4	5.3
吉 林	0.1	0.1	0.2	0.2		
黑龙江	0.1	0.2	0.2	0.3	0.1	0.1
上 海	8.1	9.3	16.9	18.4	1.3	1.6
江 苏	3.6	3.4	0.3	0.4	6.3	6.1
浙 江	5.2	5.2	5.1	5.7	5.1	4.7
安 徽	4.0	3.1	8.8	6.4	0.3	0.4
福 建	1.4	1.4	0.6	0.8	1.6	1.7
江 西	1.3	1.4	2.7	2.9	0.2	0.2
山 东	1.5	1.6	0.6	0.5	2.4	2.6
河 南	0.3	0.4	0.7	0.8		
湖 北	5.9	6.8	9.8	11.0	3.0	3.3
湖 南	1.0	1.0	0.6	0.7	1.4	1.3
广 东	9.6	10.3	7.3	7.9	11.9	12.7
广 西						
海 南	0.1	0.1	0.1	0.1		
重 庆	4.8	3.9	10.9	8.4		
四 川	26.0	23.0	0.9	0.9	47.1	43.3
贵 州	0.3	0.4	0.8	0.9		
云 南	0.4	0.5	0.4	0.5		
西 藏						
陕 西	1.3	1.4	2.2	2.4	0.0	0.1
甘 肃	0.5	0.6	1.1	1.1	0.1	0.2
青 海	0.4	0.5	0.8	1.0		
宁 夏						
新 疆	0.6	0.6	0.6	0.7	0.6	0.6

3—34 各地区限额以上加盟连锁餐饮企业营业面积

（按业态分）

单位：平方米

地 区	2003 年	2002 年	增减%	正餐			快餐		
				2003 年	2002 年	增减%	2003 年	2002 年	增减%
全 国	**1234030**	**1132732**	**8.9**	**1206501**	**1115164**	**8.2**	**21856**	**13266**	**64.8**
北 京	45943	42270	8.7	45503	40703	11.8	440	1567	-71.9
天 津	15076	9214	63.6	3867	4590	-15.8	7136	662	977.9
河 北		10	-100.0					10	-100.0
山 西									
内蒙古	467638	437600	6.9	467638	437600	6.9			
辽 宁	99600	96300	3.4	99600	96300	3.4			
吉 林									
黑龙江	1716	1716		1716	1716				
上 海	30	30		30	30				
江 苏	2730	1800	51.7				2530	1460	73.3
浙 江	4830	5130	-5.8	4830	5130	-5.8			
安 徽									
福 建	800						800		
江 西	5400	6200	-12.9	5000	5000		400	1200	-66.7
山 东	3170			3170					
河 南	700	150	366.7	700	150	366.7			
湖 北	61900	68800	-10.0	61900	68800	-10.0			
湖 南	5900	5460	8.1	5900	5460	8.1			
广 东	2212	2132	3.8	2212	2132	3.8			
广 西									
海 南									
重 庆	450835	399003	13.0	450835	399003	13.0			
四 川	19100	12700	50.4	9800	5500	78.2	9300	7200	29.2
贵 州	2800	2800		2800	2800				
云 南	38600	37200	3.8	37200	37200				
西 藏									
陕 西	793	260	205.0				793	260	205.0
甘 肃	3157	2857	10.5	2700	1950	38.5	457	907	-49.6
青 海									
宁 夏									
新 疆	1100	1100		1100	1100				

3—35 各地区限额以上加盟连锁餐饮企业营业面积构成

（按业态分）

单位：%

地 区	2003年	2002年	正餐		快餐	
			2003年	2002年	2003年	2002年
全 国	**100.0**	**100.0**	**100.0**	**100.0**	**100.0**	**100.0**
北 京	3.7	3.7	3.8	3.6	2.0	11.8
天 津	1.2	0.8	0.3	0.4	32.7	5.0
河 北						0.1
山 西						
内蒙古	37.9	38.6	38.8	39.2		
辽 宁	8.1	8.5	8.3	8.6		
吉 林						
黑龙江	0.1	0.2	0.1	0.2		
上 海						
江 苏	0.2	0.2			11.6	11.0
浙 江	0.4	0.5	0.4	0.5		
安 徽						
福 建	0.1				3.7	
江 西	0.4	0.5	0.4	0.4	1.8	9.0
山 东	0.3		0.3			
河 南	0.1		0.1			
湖 北	5.0	6.1	5.1	6.2		
湖 南	0.5	0.5	0.5	0.5		
广 东	0.2	0.2	0.2	0.2		
广 西						
海 南						
重 庆	36.5	35.2	37.4	35.8		
四 川	1.5	1.1	0.8	0.5	42.6	54.3
贵 州	0.2	0.2	0.2	0.3		
云 南	3.1	3.3	3.1	3.3		
西 藏						
陕 西	0.1				3.6	2.0
甘 肃	0.3	0.3	0.2	0.2	2.1	6.8
青 海						
宁 夏						
新 疆	0.1	0.1	0.1	0.1		

3—36 各地区限额以上连锁餐饮企业从业人员

（按业态分）

单位：人

地区	2003年	2002年	增减%	正餐			快餐		
				2003年	2002年	增减%	2003年	2002年	增减%
全国	**302451**	**438385**	**-31.0**	**205591**	**353928**	**-41.9**	**92596**	**81096**	**14.2**
北京	33531	29717	12.8	16491	13386	23.2	16218	15535	4.4
天津	4988	4619	8.0	1128	1547	-27.1	3085	2333	32.2
河北	219	291	-24.7	167	162	3.1	52	129	-59.7
山西	2999	3211	-6.6	2669	2881	-7.4	330	330	
内蒙古	45866	41859	9.6	45866	41859	9.6			
辽宁	18983	17855	6.3	8163	7405	10.2	10820	10450	3.5
吉林	150	210	-28.6	150	210	-28.6			
黑龙江	377	190	98.4	261	70	272.9	116	120	-3.3
上海	21992	20261	8.5	19404	17682	9.7	2588	2579	0.3
江苏	16010	13016	23.0	138	130	6.2	15782	12686	24.4
浙江	25193	22612	11.4	15445	15540	-0.6	9598	6952	38.1
安徽	4954	3207	54.5	4263	2482	71.8	691	725	-4.7
福建	3548	2501	41.9	537	537		2221	1579	40.7
江西	2778	3083	-9.9	2446	2633	-7.1	332	450	-26.2
山东	3202	2698	18.7	1027	594	72.9	2175	2104	3.4
河南	872	820	6.3	872	820	6.3			
湖北	16820	17436	-3.5	11514	13034	-11.7	5306	4402	20.5
湖南	3035	2484	22.2	791	705	12.2	2244	1779	26.1
广东	23203	21305	8.9	6146	6013	2.2	17057	15292	11.5
广西									
海南	50	50		50	50				
重庆	56383	214816	-73.8	56383	214816	-73.8			
四川	6417	5506	16.5	3050	2419	26.1	3367	3087	9.1
贵州	1278	1277	0.1	1278	1277	0.1			
云南	4726	4931	-4.2	4316	4540	-4.9			
西藏									
陕西	2195	1725	27.2	997	1039	-4.0	117	86	36.0
甘肃	1557	1550	0.5	1477	1450	1.9	80	100	-20.0
青海	457	517	-11.6	311	387	-19.6			
宁夏									
新疆	668	638	4.7	251	260	-3.5	417	378	10.3

3—37 各地区限额以上连锁餐饮企业从业人员构成

（按业态分）

单位：%

地区	2003年	2002年	正餐		快餐	
			2003年	2002年	2003年	2002年
全国	**100.0**	**100.0**	**100.0**	**100.0**	**100.0**	**100.0**
北京	11.1	6.8	8.0	3.8	17.5	19.2
天津	1.6	1.1	0.5	0.4	3.3	2.9
河北	0.1	0.1	0.1		0.1	0.2
山西	1.0	0.7	1.3	0.8	0.4	0.4
内蒙古	15.2	9.5	22.3	11.8		
辽宁	6.3	4.1	4.0	2.1	11.7	12.9
吉林			0.1	0.1		
黑龙江	0.1		0.1		0.1	0.1
上海	7.3	4.6	9.4	5.0	2.8	3.2
江苏	5.3	3.0	0.1	0.0	17.0	15.6
浙江	8.3	5.2	7.5	4.4	10.4	8.6
安徽	1.6	0.7	2.1	0.7	0.7	0.9
福建	1.2	0.6	0.3	0.2	2.4	1.9
江西	0.9	0.7	1.2	0.7	0.4	0.6
山东	1.1	0.6	0.5	0.2	2.3	2.6
河南	0.3	0.2	0.4	0.2		
湖北	5.6	4.0	5.6	3.7	5.7	5.4
湖南	1.0	0.6	0.4	0.2	2.4	2.2
广东	7.7	4.9	3.0	1.7	18.4	18.9
广西						
海南						
重庆	18.6	49.0	27.4	60.7		
四川	2.1	1.3	1.5	0.7	3.6	3.8
贵州	0.4	0.3	0.6	0.4		
云南	1.6	1.1	2.1	1.3		
西藏						
陕西	0.7	0.4	0.5	0.3	0.1	0.1
甘肃	0.5	0.4	0.7	0.4	0.1	0.1
青海	0.2	0.1	0.2	0.1		
宁夏						
新疆	0.2	0.1	0.1	0.1	0.5	0.5

3—38 各地区限额以上直营连锁餐饮企业从业人员

（按业态分）

单位：人

地区	2003年	2002年	增减%	正餐			快餐		
				2003年	2002年	增减%	2003年	2002年	增减%
全国	**186093**	**165835**	**12.2**	**91542**	**82905**	**10.4**	**90442**	**79657**	**13.5**
北京	30175	26472	14.0	13180	10254	28.5	16173	15422	4.9
天津	4271	4281	-0.2	1002	1398	-28.3	2545	2187	16.4
河北	219	290	-24.5	167	162	3.1	52	128	-59.4
山西	2999	3211	-6.6	2669	2881	-7.4	330	330	
内蒙古	5521	5271	4.7	5521	5271	4.7			
辽宁	12683	12215	3.8	1863	1765	5.6	10820	10450	3.5
吉林	150	210	-28.6	150	210	-28.6			
黑龙江	314	190	65.3	198	70	182.9	116	120	-3.3
上海	21982	20251	8.5	19394	17672	9.7	2588	2579	0.3
江苏	15665	12746	22.9	138	130	6.2	15462	12461	24.1
浙江	21353	18772	13.7	11605	11700	-0.8	9598	6952	38.1
安徽	4954	3207	54.5	4263	2482	71.8	691	725	-4.7
福建	3478	2501	39.1	537	537		2151	1579	36.2
江西	2463	2733	-9.9	2246	2433	-7.7	217	300	-27.7
山东	2987	2698	10.7	812	594	36.7	2175	2104	3.4
河南	848	805	5.3	848	805	5.3			
湖北	12247	11236	9.0	6941	6834	1.6	5306	4402	20.5
湖南	2780	2319	19.9	536	540	-0.7	2244	1779	26.1
广东	22751	20886	8.9	5694	5594	1.8	17057	15292	11.5
广西									
海南	50	50		50	50				
重庆	8775	6433	36.4	8775	6433	36.4			
四川	3614	3451	4.7	1177	1084	8.6	2437	2367	3.0
贵州	1008	992	1.6	1008	992	1.6			
云南	628	709	-11.4	297	318	-6.6			
西藏									
陕西	2106	1701	23.8	997	1039	-4.0	28	62	-54.8
甘肃	997	1100	-9.4	962	1060	-9.2	35	40	-12.5
青海	457	517	-11.6	311	387	-19.6			
宁夏									
新疆	618	588	5.1	201	210	-4.3	417	378	10.3

3—39 各地区限额以上直营连锁餐饮企业从业人员构成

（按业态分）

单位：%

地 区	2003年	2002年	正餐		快餐	
			2003年	2002年	2003年	2002年
全 国	**100.0**	**100.0**	**100.0**	**100.0**	**100.0**	**100.0**
北 京	16.2	16.0	14.4	12.4	17.9	19.4
天 津	2.3	2.6	1.1	1.7	2.8	2.7
河 北	0.1	0.2	0.2	0.2	0.1	0.2
山 西	1.6	1.9	2.9	3.5	0.4	0.4
内蒙古	3.0	3.2	6.0	6.4		
辽 宁	6.8	7.4	2.0	2.1	12.0	13.1
吉 林	0.1	0.1	0.2	0.3		
黑龙江	0.2	0.1	0.2	0.1	0.1	0.2
上 海	11.8	12.2	21.2	21.3	2.9	3.2
江 苏	8.4	7.7	0.2	0.2	17.1	15.6
浙 江	11.5	11.3	12.7	14.1	10.6	8.7
安 徽	2.7	1.9	4.7	3.0	0.8	0.9
福 建	1.9	1.5	0.6	0.6	2.4	2.0
江 西	1.3	1.6	2.5	2.9	0.2	0.4
山 东	1.6	1.6	0.9	0.7	2.4	2.6
河 南	0.5	0.5	0.9	1.0		
湖 北	6.6	6.8	7.6	8.2	5.9	5.5
湖 南	1.5	1.4	0.6	0.7	2.5	2.2
广 东	12.2	12.6	6.2	6.7	18.9	19.2
广 西						
海 南			0.1	0.1		
重 庆	4.7	3.9	9.6	7.8		
四 川	1.9	2.1	1.3	1.3	2.7	3.0
贵 州	0.5	0.6	1.1	1.2		
云 南	0.3	0.4	0.3	0.4		
西 藏						
陕 西	1.1	1.0	1.1	1.3		0.1
甘 肃	0.5	0.7	1.1	1.3		0.1
青 海	0.2	0.3	0.3	0.5		
宁 夏						
新 疆	0.3	0.4	0.2	0.3	0.5	0.5

3—40 各地区限额以上加盟连锁餐饮企业从业人员

（按业态分）

单位：人

地区	2003年	2002年	增减%	正餐			快餐		
				2003年	2002年	增减%	2003年	2002年	增减%
全国	**116358**	**272550**	**-57.3**	**114049**	**271023**	**-57.9**	**2154**	**1439**	**49.7**
北京	3356	3245	3.4	3311	3132	5.7	45	113	-60.2
天津	717	338	112.1	126	149	-15.4	540	146	269.9
河北		1	-100.0					1	-100.0
山西									
内蒙古	40345	36588	10.3	40345	36588	10.3			
辽宁	6300	5640	11.7	6300	5640	11.7			
吉林									
黑龙江	63			63					
上海	10	10		10	10				
江苏	345	270	27.8				320	225	42.2
浙江	3840	3840		3840	3840				
安徽									
福建	70						70		
江西	315	350	-10.0	200	200		115	150	-23.3
山东	215			215					
河南	24	15	60.0	24	15	60.0			
湖北	4573	6200	-26.2	4573	6200	-26.2			
湖南	255	165	54.5	255	165	54.5			
广东	452	419	7.9	452	419	7.9			
广西									
海南									
重庆	47608	208383	-77.2	47608	208383	-77.2			
四川	2803	2055	36.4	1873	1335	40.3	930	720	29.2
贵州	270	285	-5.3	270	285	-5.3			
云南	4098	4222	-2.9	4019	4222	-4.8			
西藏									
陕西	89	24	270.8				89	24	270.8
甘肃	560	450	24.4	515	390	32.1	45	60	-25.0
青海									
宁夏									
新疆	50	50		50	50				

3—41 各地区限额以上加盟连锁餐饮企业从业人员构成

（按业态分）

单位：%

地区	2003年	2002年	正餐		快餐	
			2003年	2002年	2003年	2002年
全国	100.0	**100.0**	**100.0**	**100.0**	**100.0**	**100.0**
北京	2.9	1.2	2.9	1.2	2.1	7.9
天津	0.6	0.1	0.1	0.1	25.1	10.1
河北						0.1
山西						
内蒙古	34.7	13.4	35.4	13.5		
辽宁	5.4	2.1	5.5	2.1		
吉林						
黑龙江	0.1		0.1			
上海						
江苏	0.3	0.1			14.9	15.6
浙江	3.3	1.4	3.4	1.4		
安徽						
福建	0.1				3.2	
江西	0.3	0.1	0.2	0.1	5.3	10.4
山东	0.2		0.2			
河南						
湖北	3.9	2.3	4.0	2.3		
湖南	0.2	0.1	0.2	0.1		
广东	0.4	0.2	0.4	0.2		
广西						
海南						
重庆	40.9	76.5	41.7	76.9		
四川	2.4	0.8	1.6	0.5	43.2	50.0
贵州	0.2	0.1	0.2	0.1		
云南	3.5	1.5	3.5	1.6		
西藏						
陕西	0.1				4.1	1.7
甘肃	0.5	0.2	0.5	0.1	2.1	4.2
青海						
宁夏						
新疆						

3—42 各地区限额以上连锁餐饮企业营业收入

（按业态分）

单位：万元

地 区	2003年	2002年	增减%	正餐			快餐		
				2003年	2002年	增减%	2003年	2002年	增减%
全 国	**2528999**	**2004102**	**26.2**	**1379077**	**1013855**	**36.0**	**1084827**	**928053**	**16.9**
北 京	388992	367599	5.8	169582	148606	14.1	209701	209810	-0.1
天 津	180701	157303	14.9	20844	16599	25.6	125045	101673	23.0
河 北	1191	1460	-18.4	963	1028	-6.3	228	432	-47.2
山 西	19556	19738	-0.9	13617	15511	-12.2	5938	4227	40.5
内蒙古	356095	169206	110.5	356095	169206	110.5			
辽 宁	123080	112098	9.8	83281	78197	6.5	39800	33901	17.4
吉 林	1459	1537	-5.1	1459	1537	-5.1			
黑龙江	3987	3150	26.6	3545	2792	27.0	442	358	23.5
上 海	257847	217289	18.7	225854	190889	18.3	31992	26401	21.2
江 苏	161749	123586	30.9	1390	1159	19.9	158505	120445	31.6
浙 江	174489	131715	32.5	42685	37724	13.2	128918	91525	40.9
安 徽	30616	27714	10.5	24493	21442	14.2	6123	6271	-2.4
福 建	58905	52764	11.6	3735	4671	-20.0	47710	46096	3.5
江 西	14144	11428	23.8	13488	11016	22.4	656	412	59.2
山 东	33269	25193	32.1	3565	3077	15.9	29705	22117	34.3
河 南	4482	4328	3.6	4482	4328	3.6			
湖 北	143376	133307	7.6	90680	88117	2.9	52695	45190	16.6
湖 南	20717	16551	25.2	3971	3830	3.7	16745	12721	31.6
广 东	246411	232603	5.9	62525	67393	-7.2	183886	165209	11.3
广 西									
海 南	222	222		222	222				
重 庆	203324	96815	110.0	203324	96815	110.0			
四 川	49113	42637	15.2	6901	5515	25.1	42212	37122	13.7
贵 州	10595	9143	15.9	10595	9143	15.9			
云 南	17182	21378	-19.6	14895	19167	-22.3			
西 藏									
陕 西	12451	10529	18.3	5889	5286	11.4	820	469	74.8
甘 肃	9384	8679	8.1	8868	8146	8.9	517	534	-3.2
青 海	1324	1982	-33.2	980	1432	-31.6			
宁 夏									
新 疆	4342	4151	4.6	1150	1010	13.9	3192	3141	1.6

3—43 各地区限额以上连锁餐饮企业营业收入构成

（按业态分）

单位：%

地 区	2003 年	2002 年	正餐 2003 年	正餐 2002 年	快餐 2003 年	快餐 2002 年
全 国	**100.0**	**100.0**	**100.0**	**100.0**	**100.0**	**100.0**
北 京	15.4	18.3	12.3	14.7	19.3	22.6
天 津	7.1	7.8	1.5	1.6	11.5	11.0
河 北		0.1	0.1	0.1		
山 西	0.8	1.0	1.0	1.5	0.5	0.5
内蒙古	14.1	8.4	25.8	16.7		
辽 宁	4.9	5.6	6.0	7.7	3.7	3.7
吉 林	0.1	0.1	0.1	0.2		
黑龙江	0.2	0.2	0.3	0.3		
上 海	10.2	10.8	16.4	18.8	2.9	2.8
江 苏	6.4	6.2	0.1	0.1	14.6	13.0
浙 江	6.9	6.6	3.1	3.7	11.9	9.9
安 徽	1.2	1.4	1.8	2.1	0.6	0.7
福 建	2.3	2.6	0.3	0.5	4.4	5.0
江 西	0.6	0.6	1.0	1.1	0.1	
山 东	1.3	1.3	0.3	0.3	2.7	2.4
河 南	0.2	0.2	0.3	0.4		
湖 北	5.7	6.7	6.6	8.7	4.9	4.9
湖 南	0.8	0.8	0.3	0.4	1.5	1.4
广 东	9.7	11.6	4.5	6.6	17.0	17.8
广 西						
海 南						
重 庆	8.0	4.8	14.7	9.5		
四 川	1.9	2.1	0.5	0.5	3.9	4.0
贵 州	0.4	0.5	0.8	0.9		
云 南	0.7	1.1	1.1	1.9		
西 藏						
陕 西	0.5	0.5	0.4	0.5	0.1	0.1
甘 肃	0.4	0.4	0.6	0.8		0.1
青 海	0.1	0.1	0.1	0.1		
宁 夏						
新 疆	0.2	0.2	0.1	0.1	0.3	0.3

3—44 各地区限额以上直营连锁餐饮企业营业收入

(按业态分)

单位：万元

地 区	2003 年	2002 年	增减%	正餐			快餐		
				2003 年	2002 年	增减%	2003 年	2002 年	增减%
全 国	**1896253**	**1631192**	**16.2**	**783856**	**675958**	**16.0**	**1062712**	**912879**	**16.4**
北 京	365938	343047	6.7	146750	125417	17.0	209479	208448	0.5
天 津	152074	130773	16.3	16014	13361	19.9	116550	98113	18.8
河 北	1191	1459	-18.4	963	1028	-6.3	228	431	-47.1
山 西	19556	19738	-0.9	13617	15511	-12.2	5938	4227	40.5
内蒙古	73087	31216	134.1	73087	31216	134.1			
辽 宁	71884	66914	7.4	32085	33013	-2.8	39800	33901	17.4
吉 林	1459	1537	-5.1	1459	1537	-5.1			
黑龙江	2642	2145	23.2	2200	1787	23.1	442	358	23.5
上 海	257571	217055	18.7	225578	190655	18.3	31992	26401	21.2
江 苏	160354	122988	30.4	1390	1159	19.9	157199	119953	31.1
浙 江	170685	128377	33.0	38881	34386	13.1	128918	91525	40.9
安 徽	30616	27714	10.5	24493	21442	14.2	6123	6271	-2.4
福 建	58415	52703	10.8	3665	4610	-20.5	47290	46096	2.6
江 西	12423	9715	27.9	11969	9416	27.1	454	299	51.8
山 东	32922	25193	30.7	3218	3077	4.6	29705	22117	34.3
河 南	4482	4328	3.6	4482	4328	3.6			
湖 北	112443	105055	7.0	59747	59865	-0.2	52695	45190	16.6
湖 南	19765	15443	28.0	3019	2722	10.9	16745	12721	31.6
广 东	241155	227734	5.9	57269	62524	-8.4	183886	165209	11.3
广 西									
海 南	222	222		222	222				
重 庆	35384	32505	8.9	35384	32505	8.9			
四 川	33755	30238	11.6	2847	2647	7.6	30908	27591	12.0
贵 州	9975	8583	16.2	9975	8583	16.2			
云 南	3529	3605	-2.1	1262	1394	-9.5			
西 藏									
陕 西	12399	10490	18.2	5889	5286	11.4	768	430	78.6
甘 肃	6949	6640	4.7	6548	6184	5.9	402	457	-12.0
青 海	1324	1982	-33.2	980	1432	-31.6			
宁 夏									
新 疆	4056	3793	6.9	864	652	32.5	3192	3141	1.6

3—45 各地区限额以上直营连锁餐饮企业营业收入构成

（按业态分）

单位：%

地 区	2003 年	2002 年	正餐		快餐	
			2003 年	2002 年	2003 年	2002 年.
全 国	**100.0**	**100.0**	**100.0**	**100.0**	**100.0**	**100.0**
北 京	19.3	21.0	18.7	18.6	19.7	22.8
天 津	8.0	8.0	2.0	2.0	11.0	10.7
河 北	0.1	0.1	0.1	0.2		
山 西	1.0	1.2	1.7	2.3	0.6	0.5
内蒙古	3.9	1.9	9.3	4.6		
辽 宁	3.8	4.1	4.1	4.9	3.7	3.7
吉 林	0.1	0.1	0.2	0.2		
黑龙江	0.1	0.1	0.3	0.3		
上 海	13.6	13.3	28.8	28.2	3.0	2.9
江 苏	8.5	7.5	0.2	0.2	14.8	13.1
浙 江	9.0	7.9	5.0	5.1	12.1	10.0
安 徽	1.6	1.7	3.1	3.2	0.6	0.7
福 建	3.1	3.2	0.5	0.7	4.4	5.0
江 西	0.7	0.6	1.5	1.4		
山 东	1.7	1.5	0.4	0.5	2.8	2.4
河 南	0.2	0.3	0.6	0.6		
湖 北	5.9	6.4	7.6	8.9	5.0	5.0
湖 南	1.0	0.9	0.4	0.4	1.6	1.4
广 东	12.7	14.0	7.3	9.2	17.3	18.1
广 西						
海 南						
重 庆	1.9	2.0	4.5	4.8		
四 川	1.8	1.9	0.4	0.4	2.9	3.0
贵 州	0.5	0.5	1.3	1.3		
云 南	0.2	0.2	0.2	0.2		
西 藏						
陕 西	0.7	0.6	0.8	0.8	0.1	
甘 肃	0.4	0.4	0.8	0.9		0.1
青 海	0.1	0.1	0.1	0.2		
宁 夏						
新 疆	0.2	0.2	0.1	0.1	0.3	0.3

3—46 各地区限额以上加盟连锁餐饮企业营业收入

（按业态分）

单位：万元

地区	2003年	2002年	增减%	正餐			快餐		
				2003年	2002年	增减%	2003年	2002年	增减%
全国	**632746**	**372910**	**69.7**	**595221**	**337897**	**76.2**	**22114**	**15174**	**45.7**
北京	23054	24552	-6.1	22832	23189	-1.5	222	1362	-83.7
天津	28627	26530	7.9	4830	3238	49.2	8495	3560	138.6
河北		1	-100.0					1	-100.0
山西									
内蒙古	283008	137990	105.1	283008	137990	105.1			
辽宁	51196	45184	13.3	51196	45184	13.3			
吉林									
黑龙江	1345	1005	33.8	1345	1005	33.8			
上海	276	234	17.9	276	234	17.9			
江苏	1395	598	133.3				1306	492	165.4
浙江	3804	3338	14.0	3804	3338	14.0			
安徽									
福建	490	61	703.3	70	61	14.8	420		
江西	1721	1713	0.5	1519	1600	-5.1	202	113	78.8
山东	347			347					
河南									
湖北	30933	28252	9.5	30933	28252	9.5			
湖南	952	1108	-14.1	952	1108	-14.1			
广东	5256	4869	7.9	5256	4869	7.9			
广西									
海南									
重庆	167940	64310	161.1	167940	64310	161.1			
四川	15358	12399	23.9	4054	2868	41.4	11304	9531	18.6
贵州	620	560	10.7	620	560	10.7			
云南	13653	17773	-23.2	13633	17773	-23.3			
西藏									
陕西	52	39	33.3				52	39	33.3
甘肃	2435	2039	19.4	2320	1962	18.2	115	77	49.4
青海									
宁夏									
新疆	286	358	-20.1	286	358	-20.1			

3—47　各地区限额以上加盟连锁餐饮企业营业收入构成

（按业态分）

单位：%

地　区	2003年	2002年	正餐		快餐	
			2003年	2002年	2003年	2002年
全　国	**100.0**	**100.0**	**100.0**	**100.0**	**100.0**	**100.0**
北　京	3.6	6.6	3.8	6.9	1.0	9.0
天　津	4.5	7.1	0.8	1.0	38.4	23.5
河　北						
山　西						
内蒙古	44.7	37.0	47.5	40.8		
辽　宁	8.1	12.1	8.6	13.4		
吉　林						
黑龙江	0.2	0.3	0.2	0.3		
上　海		0.1		0.1		
江　苏	0.2	0.2			5.9	3.2
浙　江	0.6	0.9	0.6	1.0		
安　徽						
福　建	0.1				1.9	
江　西	0.3	0.5	0.3	0.5	0.9	0.7
山　东	0.1		0.1			
河　南						
湖　北	4.9	7.6	5.2	8.4		
湖　南	0.2	0.3	0.2	0.3		
广　东	0.8	1.3	0.9	1.4		
广　西						
海　南						
重　庆	26.5	17.2	28.2	19.0		
四　川	2.4	3.3	0.7	0.8	51.1	62.8
贵　州	0.1	0.2	0.1	0.2		
云　南	2.2	4.8	2.3	5.3		
西　藏						
陕　西					0.2	0.3
甘　肃	0.4	0.5	0.4	0.6	0.5	0.5
青　海						
宁　夏						
新　疆		0.1		0.1		

3—48　各地区限额以上连锁餐饮企业零售额

（按业态分）

单位：万元

地　区	2003 年	2002 年	增减%	正餐			快餐		
				2003 年	2002 年	增减%	2003 年	2002 年	增减%
全　国	**2444394**	**1934418**	**26.4**	**1322505**	**965788**	**36.9**	**1071508**	**920190**	**16.4**
北　京	386044	365123	5.7	168460	148280	13.6	207875	207659	0.1
天　津	161932	143282	13.0	20248	16567	22.2	121449	101439	19.7
河　北	1191	1460	-18.4	963	1028	-6.3	228	432	-47.2
山　西	19556	19738	-0.9	13617	15511	-12.2	5938	4227	40.5
内蒙古	356095	169206	110.5	356095	169206	110.5			
辽　宁	116218	107728	7.9	83281	78197	6.5	32937	29531	11.5
吉　林	1459	1537	-5.1	1459	1537	-5.1			
黑龙江	2205	1521	45.0	1764	1163	51.7	442	358	23.5
上　海	210321	176741	19.0	178328	150340	18.6	31992	26401	21.2
江　苏	161749	123586	30.9	1390	1159	19.9	158505	120445	31.6
浙　江	174489	131715	32.5	42685	37724	13.2	128918	91525	40.9
安　徽	28933	26312	10.0	22809	20040	13.8	6123	6271	-2.4
福　建	57593	50949	13.0	2560	2856	-10.4	47710	46096	3.5
江　西	14144	11428	23.8	13488	11016	22.4	656	412	59.2
山　东	33269	25008	33.0	3565	3077	15.9	29705	21932	35.4
河　南	4482	4328	3.6	4482	4328	3.6			
湖　北	141407	131631	7.4	88711	86441	2.6	52695	45190	16.6
湖　南	20717	16551	25.2	3971	3830	3.7	16745	12721	31.6
广　东	245755	231850	6.0	62525	67393	-7.2	183230	164457	11.4
广　西									
海　南	222	222		222	222				
重　庆	203130	96679	110.1	203130	96679	110.1			
四　川	49113	42637	15.2	6901	5515	25.1	42212	37122	13.7
贵　州	10589	9073	16.7	10589	9073	16.7			
云　南	17182	21378	-19.6	14895	19167	-22.3			
西　藏									
陕　西	11556	9925	16.4	5371	4853	10.7	442	299	47.8
甘　肃	9384	8679	8.1	8868	8146	8.9	517	534	-3.2
青　海	1324	1982	-33.2	980	1432	-31.6			
宁　夏									
新　疆	4342	4151	4.6	1150	1010	13.9	3192	3141	1.6

3—49 各地区限额以上连锁餐饮企业零售额构成

（按业态分）

单位：%

地 区	2003 年	2002 年	正餐		快餐	
			2003 年	2002 年	2003 年	2002 年
全 国	100.0	100.0	100.0	100.0	100.0	100.0
北 京	15.8	18.9	12.7	15.4	19.4	22.6
天 津	6.6	7.4	1.5	1.7	11.3	11.0
河 北		0.1	0.1	0.1		
山 西	0.8	1.0	1.0	1.6	0.6	0.5
内蒙古	14.6	8.7	26.9	17.5		
辽 宁	4.8	5.6	6.3	8.1	3.1	3.2
吉 林	0.1	0.1	0.1	0.2		
黑龙江	0.1	0.1	0.1	0.1		
上 海	8.6	9.1	13.5	15.6	3.0	2.9
江 苏	6.6	6.4	0.1	0.1	14.8	13.1
浙 江	7.1	6.8	3.2	3.9	12.0	9.9
安 徽	1.2	1.4	1.7	2.1	0.6	0.7
福 建	2.4	2.6	0.2	0.3	4.5	5.0
江 西	0.6	0.6	1.0	1.1	0.1	
山 东	1.4	1.3	0.3	0.3	2.8	2.4
河 南	0.2	0.2	0.3	0.4		
湖 北	5.8	6.8	6.7	9.0	4.9	4.9
湖 南	0.8	0.9	0.3	0.4	1.6	1.4
广 东	10.1	12.0	4.7	7.0	17.1	17.9
广 西						
海 南						
重 庆	8.3	5.0	15.4	10.0		
四 川	2.0	2.2	0.5	0.6	3.9	4.0
贵 州	0.4	0.5	0.8	0.9		
云 南	0.7	1.1	1.1	2.0		
西 藏						
陕 西	0.5	0.5	0.4	0.5		
甘 肃	0.4	0.4	0.7	0.8		0.1
青 海	0.1	0.1	0.1	0.1		
宁 夏						
新 疆	0.2	0.2	0.1	0.1	0.3	0.3

3—50 各地区限额以上直营连锁餐饮企业零售额

（按业态分）

单位：万元

地区	2003年	2002年	增减%	正餐			快餐		
				2003年	2002年	增减%	2003年	2002年	增减%
全国	**1817729**	**1567892**	**15.9**	**728011**	**628609**	**15.8**	**1049411**	**905026**	**16.0**
北京	362990	340571	6.6	145628	125091	16.4	207653	206297	0.7
天津	138641	122408	13.3	15418	13329	15.7	112954	97879	15.4
河北	1191	1459	-18.4	963	1028	-6.3	228	431	-47.1
山西	19556	19738	-0.9	13617	15511	-12.2	5938	4227	40.5
内蒙古	73087	31216	134.1	73087	31216	134.1			
辽宁	65022	62544	4.0	32085	33013	-2.8	32937	29531	11.5
吉林	1459	1537	-5.1	1459	1537	-5.1			
黑龙江	1586	1235	28.4	1145	877	30.6	442	358	23.5
上海	210045	176507	19.0	178052	150106	18.6	31992	26401	21.2
江苏	160354	122988	30.4	1390	1159	19.9	157199	119953	31.1
浙江	170685	128377	33.0	38881	34386	13.1	128918	91525	40.9
安徽	28933	26312	10.0	22809	20040	13.8	6123	6271	-2.4
福建	57103	50888	12.2	2490	2795	-10.9	47290	46096	2.6
江西	12423	9715	27.9	11969	9416	27.1	454	299	51.8
山东	32922	25008	31.6	3218	3077	4.6	29705	21932	35.4
河南	4482	4328	3.6	4482	4328	3.6			
湖北	110474	103379	6.9	57778	58189	-0.7	52695	45190	16.6
湖南	19765	15443	28.0	3019	2722	10.9	16745	12721	31.6
广东	240499	226981	6.0	57269	62524	-8.4	183230	164457	11.4
广西									
海南	222	222		222	222				
重庆	35190	32369	8.7	35190	32369	8.7			
四川	33755	30238	11.6	2847	2647	7.6	30908	27591	12.0
贵州	9969	8513	17.1	9969	8513	17.1			
云南	3529	3605	-2.1	1262	1394	-9.5			
西藏									
陕西	11522	9896	16.4	5371	4853	10.7	408	270	51.1
甘肃	6949	6640	4.7	6548	6184	5.9	402	457	-12.0
青海	1324	1982	-33.2	980	1432	-31.6			
宁夏									
新疆	4056	3793	6.9	864	652	32.5	3192	3141	1.6

3—51 各地区限额以上直营连锁餐饮企业零售额构成

（按业态分）

单位：%

地 区	2003年	2002年	正餐		快餐	
			2003年	2002年	2003年	2002年
全 国	**100.0**	**100.0**	**100.0**	**100.0**	**100.0**	**100.0**
北 京	20.0	21.7	20.0	19.9	19.8	22.8
天 津	7.6	7.8	2.1	2.1	10.8	10.8
河 北	0.1	0.1	0.1	0.2		
山 西	1.1	1.3	1.9	2.5	0.6	0.5
内蒙古	4.0	2.0	10.0	5.0		
辽 宁	3.6	4.0	4.4	5.3	3.1	3.3
吉 林	0.1	0.1	0.2	0.2		
黑龙江	0.1	0.1	0.2	0.1		
上 海	11.6	11.3	24.5	23.9	3.0	2.9
江 苏	8.8	7.8	0.2	0.2	15.0	13.3
浙 江	9.4	8.2	5.3	5.5	12.3	10.1
安 徽	1.6	1.7	3.1	3.2	0.6	0.7
福 建	3.1	3.2	0.3	0.4	4.5	5.1
江 西	0.7	0.6	1.6	1.5		
山 东	1.8	1.6	0.4	0.5	2.8	2.4
河 南	0.2	0.3	0.6	0.7		
湖 北	6.1	6.6	7.9	9.3	5.0	5.0
湖 南	1.1	1.0	0.4	0.4	1.6	1.4
广 东	13.2	14.5	7.9	9.9	17.5	18.2
广 西						
海 南						
重 庆	1.9	2.1	4.8	5.1		
四 川	1.9	1.9	0.4	0.4	2.9	3.0
贵 州	0.5	0.5	1.4	1.4		
云 南	0.2	0.2	0.2	0.2		
西 藏						
陕 西	0.6	0.6	0.7	0.8		
甘 肃	0.4	0.4	0.9	1.0		0.1
青 海	0.1	0.1	0.1	0.2		
宁 夏						
新 疆	0.2	0.2	0.1	0.1	0.3	0.3

3—52 各地区限额以上加盟连锁餐饮企业零售额

（按业态分）

单位：万元

地 区	2003年	2002年	增减%	正餐			快餐		
				2003年	2002年	增减%	2003年	2002年	增减%
全 国	**626665**	**366526**	**71.0**	**594494**	**337179**	**76.3**	**22096**	**15164**	**45.7**
北 京	23054	24552	-6.1	22832	23189	-1.5	222	1362	-83.7
天 津	23291	20874	11.6	4830	3238	49.2	8495	3560	138.6
河 北		1	-100.0					1	-100.0
山 西									
内蒙古	283008	137990	105.1	283008	137990	105.1			
辽 宁	51196	45184	13.3	51196	45184	13.3			
吉 林									
黑龙江	619	286	116.4	619	286	116.4			
上 海	276	234	17.9	276	234	17.9			
江 苏	1395	598	133.3				1306	492	165.4
浙 江	3804	3338	14.0	3804	3338	14.0			
安 徽									
福 建	490	61	703.3	70	61	14.8	420		
江 西	1721	1713	0.5	1519	1600	-5.1	202	113	78.8
山 东	347			347					
河 南									
湖 北	30933	28252	9.5	30933	28252	9.5			
湖 南	952	1108	-14.1	952	1108	-14.1			
广 东	5256	4869	7.9	5256	4869	7.9			
广 西									
海 南									
重 庆	167940	64310	161.1	167940	64310	161.1			
四 川	15358	12399	23.9	4054	2868	41.4	11304	9531	18.6
贵 州	620	560	10.7	620	560	10.7			
云 南	13653	17773	-23.2	13633	17773	-23.3			
西 藏									
陕 西	34	29	17.2				34	29	17.2
甘 肃	2435	2039	19.4	2320	1962	18.2	115	77	49.4
青 海									
宁 夏									
新 疆	286	358	-20.1	286	358	-20.1			

3—53 各地区限额以上加盟连锁餐饮企业零售额构成

（按业态分）

单位：%

地 区	2003 年	2002 年	正餐		快餐	
			2003 年	2002 年	2003 年	2002 年
全 国	**100.0**	**100.0**	**100.0**	**100.0**	**100.0**	**100.0**
北 京	3.7	6.7	3.8	6.9	1.0	9.0
天 津	3.7	5.7	0.8	1.0	38.4	23.5
河 北						
山 西						
内蒙古	45.2	37.6	47.6	40.9		
辽 宁	8.2	12.3	8.6	13.4		
吉 林						
黑龙江	0.1	0.1	0.1	0.1		
上 海		0.1		0.1		
江 苏	0.2	0.2			5.9	3.2
浙 江	0.6	0.9	0.6	1.0		
安 徽						
福 建	0.1				1.9	
江 西	0.3	0.5	0.3	0.5	0.9	0.7
山 东	0.1		0.1			
河 南						
湖 北	4.9	7.7	5.2	8.4		
湖 南	0.2	0.3	0.2	0.3		
广 东	0.8	1.3	0.9	1.4		
广 西						
海 南						
重 庆	26.8	17.5	28.2	19.1		
四 川	2.5	3.4	0.7	0.9	51.2	62.9
贵 州	0.1	0.2	0.1	0.2		
云 南	2.2	4.8	2.3	5.3		
西 藏						
陕 西					0.2	0.2
甘 肃	0.4	0.6	0.4	0.6	0.5	0.5
青 海						
宁 夏						
新 疆		0.1		0.1		

3—54 各地区限额以上直营连锁餐饮企业统一配送比重

（按业态分）

单位：%

地 区	2003年	2002年	正餐		快餐	
			2003年	2002年	2003年	2002年
全 国	**75.8**	**71.9**	**59.2**	**56.9**	**90.5**	**85.2**
北 京	77.2	81.1	56.9	65.2	94.2	93.3
天 津	75.6	73.7	11.2	12.0	97.1	96.6
河 北	19.1	29.5			100.0	100.0
山 西	100.0	100.0	100.0	100.0	100.0	100.0
内蒙古	96.8	95.5	96.8	95.5		
辽 宁	23.9	18.5	6.1	5.6	38.1	31.1
吉 林						
黑龙江	21.6		25.9			
上 海	82.5	80.6	80.0	77.9	100.0	100.0
江 苏	95.7	93.7	100.0	100.0	96.2	94.2
浙 江	95.0	94.4	80.7	80.6	99.2	99.4
安 徽	57.7	58.6	59.6	61.1	50.0	50.0
福 建	43.3	62.4	9.1	7.6	52.2	70.6
江 西						
山 东	86.4	81.1	51.1	48.7	90.2	85.6
河 南	52.7	44.0	52.7	44.0		
湖 北	29.3	24.8	4.2	3.7	57.7	52.8
湖 南	94.5	93.5	63.7	62.9	100.0	100.0
广 东	83.4	62.0	32.6	32.4	99.2	73.2
广 西						
海 南	100.0	100.0	100.0	100.0		
重 庆	66.1	71.1	66.1	71.1		
四 川	92.2	92.0	11.0	12.4	99.6	99.6
贵 州						
云 南	87.2	79.3	100.0	100.0		
西 藏						
陕 西	73.3	74.9	74.8	73.9	32.0	30.0
甘 肃	92.8	92.8	92.3	92.2	100.0	100.0
青 海	18.2	16.7				
宁 夏						
新 疆	97.5	97.5	100.0	100.0	96.8	97.0

3—55 各地区限额以上直营连锁餐饮企业自有配送比重

（按业态分）

单位：%

地　区	2003年	2002年	正餐		快餐	
			2003年	2002年	2003年	2002年
全　国	**53.0**	**49.7**	**47.8**	**45.1**	**58.3**	**54.3**
北　京	44.4	48.2	30.9	43.3	55.2	52.3
天　津	55.6	47.2	6.1	6.5	71.6	62.0
河　北	19.1	29.5			100.0	100.0
山　西	100.0	100.0	100.0	100.0	100.0	100.0
内蒙古	77.4	47.7	77.4	47.7		
辽　宁	16.9	11.8	6.1	5.6	25.6	17.9
吉　林						
黑龙江	21.6		25.9			
上　海	68.8	66.7	78.6	76.0		
江　苏	79.0	76.1	100.0	100.0	79.2	76.2
浙　江	81.0	78.8	60.1	56.1	86.9	86.7
安　徽	37.3	37.6	46.6	48.6		
福　建	43.3	62.4	9.1	7.6	52.2	70.6
江　西						
山　东	74.7	68.4	51.1	48.7	77.2	71.1
河　南	52.7	44.0	52.7	44.0		
湖　北	29.3	24.8	4.2	3.7	57.7	52.8
湖　南	88.1	86.2	22.0	21.4	100.0	100.0
广　东	25.9	23.5	20.9	20.7	27.5	24.5
广　西						
海　南						
重　庆	42.6	45.9	42.6	45.9		
四　川	56.7	54.2	11.0	12.4	60.9	58.2
贵　州						
云　南	87.2	79.3	100.0	100.0		
西　藏						
陕　西	55.4	56.7	74.8	73.9	32.0	30.0
甘　肃	20.1	21.2	21.3	22.7		
青　海	18.2	16.7				
宁　夏						
新　疆	88.9	89.6	59.7	53.6	96.8	97.0

3—56 各地区限额以上直营连锁餐饮企业非自有配送比重

（按业态分）

单位：%

地 区	2003年	2002年	正餐		快餐	
			2003年	2002年	2003年	2002年
全 国	**22.8**	**22.2**	**11.2**	**11.5**	**32.2**	**30.9**
北 京	32.8	32.9	26.0	21.9	39.0	40.9
天 津	20.1	26.5	5.0	5.4	25.5	34.5
河 北						
山 西						
内蒙古	19.4	47.7	19.4	47.7		
辽 宁	6.9	6.7			12.5	13.2
吉 林						
黑龙江						
上 海	13.7	13.9	1.4	1.9	100.0	100.0
江 苏	16.7	17.6			17.0	18.0
浙 江	13.9	15.6	20.7	24.5	12.2	12.7
安 徽	20.4	20.9	13.0	12.4	50.0	50.0
福 建						
江 西						
山 东	11.8	12.8			13.0	14.6
河 南						
湖 北						
湖 南	6.4	7.3	41.7	41.5		
广 东	57.4	38.5	11.7	11.7	71.7	48.7
广 西						
海 南						
重 庆	19.7	19.9	19.7	19.9		
四 川	35.5	37.8			38.8	41.4
贵 州						
云 南						
西 藏						
陕 西	17.9	18.2				
甘 肃	72.5	71.6	70.8	69.5	100.0	100.0
青 海						
宁 夏						
新 疆	8.6	8.0	40.3	46.4		

3—57 各地区限额以上加盟连锁餐饮企业统一配送比重

（按业态分）

单位：%

地 区	2003年	2002年	正餐		快餐	
			2003年	2002年	2003年	2002年
全 国	**59.0**	**47.9**	**61.0**	**50.5**	**45.5**	**51.9**
北 京	1.3	0.7	1.3	0.7		
天 津						
河 北		100.0				100.0
山 西						
内蒙古	100.0	100.0	100.0	100.0		
辽 宁						
吉 林						
黑龙江	21.0		21.0			
上 海						
江 苏	56.2	40.9			55.0	34.7
浙 江	4.3	3.7	4.3	3.7		
安 徽						
福 建	38.1				44.5	
江 西						
山 东	100.0		100.0			
河 南						
湖 北	4.0	3.1	4.0	3.1		
湖 南	60.0	60.0	60.0	60.0		
广 东	19.7	19.7	19.7	19.7		
广 西						
海 南						
重 庆	40.2	31.6	40.2	31.6		
四 川	62.2	63.2	12.6	7.5	80.0	80.0
贵 州						
云 南	40.0	40.0	40.0	40.0		
西 藏						
陕 西						
甘 肃	97.9	100.0	97.8	100.0	100.0	100.0
青 海						
宁 夏						
新 疆	100.0	100.0	100.0	100.0		

3—58 各地区限额以上加盟连锁餐饮企业自有配送比重

（按业态分）

单位：%

地　区	2003年	2002年	正餐		快餐	
			2003年	2002年	2003年	2002年
全　国	**47.4**	**24.6**	**49.5**	**26.0**	**24.1**	**26.3**
北　京	1.3	0.7	1.3	0.7		
天　津						
河　北		100.0				100.0
山　西						
内蒙古	80.0	45.0	80.0	45.0		
辽　宁						
吉　林						
黑龙江	21.0		21.0			
上　海						
江　苏	45.9	33.9			47.3	34.7
浙　江	3.0	2.6	3.0	2.6		
安　徽						
福　建	38.1				44.5	
江　西						
山　东	25.0		25.0			
河　南						
湖　北	4.0	3.1	4.0	3.1		
湖　南	60.0	60.0	60.0	60.0		
广　东	3.2	3.5	3.2	3.5		
广　西						
海　南						
重　庆	34.4	23.2	34.4	23.2		
四　川	32.8	32.5	12.6	7.5	40.0	40.0
贵　州						
云　南	40.0	40.0	40.0	40.0		
西　藏						
陕　西						
甘　肃	74.6	77.0	78.3	80.0		
青　海						
宁　夏						
新　疆	10.0	10.0	10.0	10.0		

3—59　各地区限额以上加盟连锁餐饮企业非自有配送比重

（按业态分）

单位：%

地　区	2003 年	2002 年	正餐		快餐	
			2003 年	2002 年	2003 年	2002 年
全　国	**11.0**	**22.5**	**10.9**	**23.7**	**21.4**	**25.6**
北　京						
天　津						
河　北						
山　西						
内蒙古	20.0	55.0	20.0	55.0		
辽　宁						
吉　林						
黑龙江						
上　海						
江　苏	10.2	7.1			7.7	
浙　江	1.3	1.1	1.3	1.1		
安　徽						
福　建						
江　西						
山　东	75.0		75.0			
河　南						
湖　北						
湖　南						
广　东	16.5	16.2	16.5	16.2		
广　西						
海　南						
重　庆	3.6	3.9	3.6	3.9		
四　川	29.4	30.7			40.0	40.0
贵　州						
云　南						
西　藏						
陕　西						
甘　肃	23.4	23.0	19.6	20.0	100.0	100.0
青　海						
宁　夏						
新　疆	90.0	90.0	90.0	90.0		

3—60 各地区限额以上连锁餐饮企业利润总额

（按业态分）

单位：万元

地 区	2003年	2002年	增减%	正餐			快餐		
				2003年	2002年	增减%	2003年	2002年	增减%
全 国	**196269**	**119205**	**64.6**	**90523**	**57577**	**57.2**	**104037**	**60297**	**72.5**
北 京	25439	23727	7.2	7351	9326	-21.2	18113	14605	24.0
天 津	15134	8726	73.4	187	311	-39.9	13575	7215	88.1
河 北	38	76	-50.0	38	76	-50.0			
山 西	1942	3521	-44.8	817	2610	-68.7	1125	912	23.4
内蒙古	43809	9655	353.7	43809	9655	353.7			
辽 宁	17869	16324	9.5	7258	7662	-5.3	10612	8661	22.5
吉 林	42	106	-60.4	42	106	-60.4			
黑龙江	-237	-272	-12.9	-244	-276	-11.6	7	4	75.0
上 海	21969	12766	72.1	23724	15251	55.6	-1755	-2485	-29.4
江 苏	24278	10400	133.4	41	59	-30.5	24211	10310	134.8
浙 江	25162	16343	54.0	2658	2311	15.0	22373	13902	60.9
安 徽	297	-192	-254.7	847	307	175.9	-550	-498	10.4
福 建	-3860	-2082	85.4	-132	101	-230.7	-3547	-2045	73.4
江 西	2499	2164	15.5	2425	2131	13.8	74	33	124.2
山 东	4073	2201	85.1	20	60	-66.7	4053	2141	89.3
河 南	77	63	22.2	77	63	22.2			
湖 北	683	875	-21.9	-566	-191	196.3	1249	1065	17.3
湖 南	3185	2061	54.5	163	156	4.5	3022	1905	58.6
广 东	11580	7552	53.3	1073	2591	-58.6	10508	4961	111.8
广 西									
海 南	9	9		9	9				
重 庆	1866	6425	-71.0	1866	6425	-71.0			
四 川	1268	-246	-615.4	225	165	36.4	1043	-410	-354.4
贵 州	159	101	57.4	159	101	57.4			
云 南	406	418	-2.9	121	170	-28.8			
西 藏									
陕 西	-1067	-1225	-12.9	-1174	-1312	-10.5	30	35	-14.3
甘 肃	-189	-309	-38.8	-146	-255	-42.7	-44	-54	-18.5
青 海	-90	-12	650.0	-113	-24	370.8			
宁 夏									
新 疆	-73	30	-343.3	-11	-10	10.0	-63	40	-257.5

3—61 各地区限额以上连锁餐饮企业资产总额

（按业态分）

单位：万元

地 区	2003年	2002年	增减%	正餐			快餐		
				2003年	2002年	增减%	2003年	2002年	增减%
全 国	**1218607**	**1145488**	**6.4**	**494343**	**464174**	**6.5**	**668552**	**634487**	**5.4**
北 京	237879	233045	2.1	112037	109918	1.9	117324	114045	2.9
天 津	88319	86011	2.7	16773	17538	-4.4	52814	50859	3.8
河 北	282	316	-10.8	175	200	-12.5	107	116	-7.8
山 西	27988	24242	15.5	22447	19938	12.6	5541	4305	28.7
内蒙古	13315	7522	77.0	13315	7522	77.0			
辽 宁	67638	67014	0.9	12310	13084	-5.9	55329	53930	2.6
吉 林	2155	2105	2.4	2155	2105	2.4			
黑龙江	88	1822	-95.2	-197	1515	-113.0	285	307	-7.2
上 海	135502	138239	-2.0	112776	115414	-2.3	22727	22826	-0.4
江 苏	75959	67842	12.0	593	494	20.0	74059	65672	12.8
浙 江	113278	102152	10.9	40758	41169	-1.0	59303	48977	21.1
安 徽	22396	18936	18.3	17593	14004	25.6	4803	4932	-2.6
福 建	39484	41705	-5.3	1934	1672	15.7	35240	39305	-10.3
江 西	6217	4741	31.1	6083	4612	31.9	135	129	4.7
山 东	28759	27608	4.2	1383	1584	-12.7	27376	26024	5.2
河 南	1214	1003	21.0	1214	1003	21.0			
湖 北	83177	67197	23.8	50764	37390	35.8	32413	29808	8.7
湖 南	19239	14765	30.3	1117	847	31.9	18122	13918	30.2
广 东	176312	174008	1.3	41608	41499	0.3	134703	132509	1.7
广 西									
海 南	392	338	16.0	392	338	16.0			
重 庆	14939	9262	61.3	14939	9262	61.3			
四 川	21625	21593	0.1	1498	1301	15.1	20127	20292	-0.8
贵 州	9039	8585	5.3	9039	8585	5.3			
云 南	1978	1672	18.3	757	748	1.2			
西 藏									
陕 西	19580	13302	47.2	9486	8749	8.4	9	8	12.5
甘 肃	2846	3126	-9.0	2260	2415	-6.4	586	712	-17.7
青 海	1209	1243	-2.7	887	990	-10.4			
宁 夏									
新 疆	7800	6094	28.0	251	280	-10.4	7549	5814	29.8

3—62 各地区限额以上连锁餐饮企业负债总额

（按业态分）

单位：万元

地 区	2003 年	2002 年	增减%	正餐			快餐		
				2003 年	2002 年	增减%	2003 年	2002 年	增减%
全 国	**699388**	**655150**	**6.8**	**270062**	**237398**	**13.8**	**397734**	**391977**	**1.5**
北 京	125685	127017	-1.0	54482	53205	2.4	66252	68472	-3.2
天 津	43022	55255	-22.1	10985	11468	-4.2	22977	34829	-34.0
河 北	74	69	7.2	25	18	38.9	49	51	-3.9
山 西	19429	6771	186.9	18297	5453	235.5	1132	1318	-14.1
内蒙古	2254	2276	-1.0	2254	2276	-1.0			
辽 宁	46268	44657	3.6	12909	13408	-3.7	33358	31248	6.8
吉 林	2101	2052	2.4	2101	2052	2.4			
黑龙江	285	971	-70.6	84	754	-88.9	201	218	-7.8
上 海	70772	78926	-10.3	51456	61267	-16.0	19316	17659	9.4
江 苏	43175	41141	4.9	207	173	19.7	42578	40194	5.9
浙 江	75424	65427	15.3	28572	25328	12.8	37540	32471	15.6
安 徽	12803	9548	34.1	8699	5882	47.9	4104	3666	11.9
福 建	24568	20972	17.1	564	623	-9.5	23272	20228	15.0
江 西	2629	1215	116.4	2629	1215	116.4			
山 东	14938	14865	0.5	749	841	-10.9	14190	14024	1.2
河 南	563	589	-4.4	563	589	-4.4			
湖 北	63900	44867	42.4	35178	22233	58.2	28722	22633	26.9
湖 南	10422	7192	44.9	418	521	-19.8	10003	6671	49.9
广 东	96277	93329	3.2	18066	15310	18.0	78211	78019	0.2
广 西									
海 南	33	41	-19.5	33	41	-19.5			
重 庆	7219	3060	135.9	7219	3060	135.9			
四 川	16399	20253	-19.0	2957	1463	102.1	13443	18789	-28.5
贵 州	3879	3576	8.5	3879	3576	8.5			
云 南	891	786	13.4	181	278	-34.9			
西 藏									
陕 西	11693	6781	72.4	5399	4440	21.6			
甘 肃	2205	2071	6.5	1349	1158	16.5	856	913	-6.2
青 海	733	639	14.7	590	534	10.5			
宁 夏									
新 疆	1748	805	117.1	218	231	-5.6	1531	575	166.3

3—63 东中西部限额以上连锁餐饮企业门店数

（按业态分）

单位：个

地区	2003年	2002年	增减%	正餐			快餐		
				2003年	2002年	增减%	2003年	2002年	增减%
全国	**5451**	**4742**	**15.0**	**2798**	**2508**	**11.6**	**1966**	**1659**	**18.5**
东部	3360	2927	14.8	999	930	7.4	1713	1450	18.1
中部	994	920	8.0	856	802	6.7	138	118	16.9
西部	1097	895	22.6	943	776	21.5	115	91	26.4

3—64 东中西部限额以上直营连锁餐饮企业门店数

（按业态分）

单位：个

地区	2003年	2002年	增减%	正餐			快餐		
				2003年	2002年	增减%	2003年	2002年	增减%
全国	**3208**	**2746**	**16.8**	**1077**	**984**	**9.5**	**1870**	**1610**	**16.1**
东部	2608	2214	17.8	716	655	9.3	1666	1435	16.1
中部	357	320	11.6	220	205	7.3	137	115	19.1
西部	243	212	14.6	141	124	13.7	67	60	11.7

3—65 东中西部限额以上加盟连锁餐饮企业门店数

（按业态分）

单位：个

地区	2003年	2002年	增减%	正餐			快餐		
				2003年	2002年	增减%	2003年	2002年	增减%
全国	**2243**	**1996**	**12.4**	**1721**	**1524**	**12.9**	**96**	**49**	**95.9**
东部	752	713	5.5	283	275	2.9	47	15	213.3
中部	637	600	6.2	636	597	6.5	1	3	-66.7
西部	854	683	25.0	802	652	23.0	48	31	54.8

3—66 东中西部限额以上连锁餐饮企业营业面积

（按业态分）

单位：平方米

地 区	2003 年	2002 年	增减%	正餐			快餐		
				2003 年	2002 年	增减%	2003 年	2002 年	增减%
全 国	**3677906**	**3214481**	**14.4**	**2276539**	**2074336**	**9.7**	**1350581**	**1098491**	**22.9**
东 部	1369342	1244517	10.0	701833	664438	5.6	633531	549713	15.2
中 部	951696	872609	9.1	881324	810566	8.7	70372	62043	13.4
西 部	1356868	1097355	23.6	693382	599332	15.7	646678	486735	32.9

3—67 东中西部限额以上直营连锁餐饮企业营业面积

（按业态分）

单位：平方米

地 区	2003 年	2002 年	增减%	正餐			快餐		
				2003 年	2002 年	增减%	2003 年	2002 年	增减%
全 国	**2443876**	**2081749**	**17.4**	**1070038**	**959172**	**11.6**	**1328725**	**1085225**	**22.4**
东 部	1194951	1087631	9.9	542621	515553	5.3	622625	546014	14.0
中 部	408442	352683	15.8	338470	291840	16.0	69972	60843	15.0
西 部	840483	641435	31.0	188947	151779	24.5	636128	478368	33.0

3—68 东中西部限额以上加盟连锁餐饮企业营业面积

（按业态分）

单位：平方米

地 区	2003 年	2002 年	增减%	正餐			快餐		
				2003 年	2002 年	增减%	2003 年	2002 年	增减%
全 国	**1234030**	**1132732**	**8.9**	**1206501**	**1115164**	**8.2**	**21856**	**13266**	**64.8**
东 部	174391	156886	11.2	159212	148885	6.9	10906	3699	194.8
中 部	543254	519926	4.5	542854	518726	4.7	400	1200	-66.7
西 部	516385	455920	13.3	504435	447553	12.7	10550	8367	26.1

3—69　东中西部限额以上连锁餐饮企业从业人员

（按业态分）

单位：平方米

地　区	2003年	2002年	增减%	正餐			快餐		
				2003年	2002年	增减%	2003年	2002年	增减%
全　国	**302451**	**438385**	**-31.0**	**205591**	**353928**	**-41.9**	**92596**	**81096**	**14.2**
东　部	150919	134925	11.9	68696	63046	9.0	79596	69639	14.3
中　部	77851	72500	7.4	68832	64694	6.4	9019	7806	15.5
西　部	73681	230960	-68.1	68063	226188	-69.9	3981	3651	9.0

3—70　东中西部限额以上直营连锁餐饮企业从业人员

（按业态分）

单位：平方米

地　区	2003年	2002年	增减%	正餐			快餐		
				2003年	2002年	增减%	2003年	2002年	增减%
全　国	**186093**	**165835**	**12.2**	**91542**	**82905**	**10.4**	**90442**	**79657**	**13.5**
东　部	135614	121162	11.9	54442	49856	9.2	78621	69154	13.7
中　部	32276	29182	10.6	23372	21526	8.6	8904	7656	16.3
西　部	18203	15491	17.5	13728	11523	19.1	2917	2847	2.5

3—71　东中西部限额以上加盟连锁餐饮企业从业人员

（按业态分）

单位：平方米

地　区	2003年	2002年	增减%	正餐			快餐		
				2003年	2002年	增减%	2003年	2002年	增减%
全　国	**116358**	**272550**	**-57.3**	**114049**	**271023**	**-57.9**	**2154**	**1439**	**49.7**
东　部	15305	13763	11.2	14254	13190	8.1	975	485	101.0
中　部	45575	43318	5.2	45460	43168	5.3	115	150	-23.3
西　部	55478	215469	-74.3	54335	214665	-74.7	1064	804	32.3

3—72 东中西部限额以上连锁餐饮企业营业收入

（按业态分）

单位：万元

地区	2003年	2002年	增减%	正餐			快餐		
				2003年	2002年	增减%	2003年	2002年	增减%
全国	**2528999**	**2004102**	**26.2**	**1379077**	**1013855**	**36.0**	**1084826**	**928053**	**16.9**
东部	1626856	1421833	14.4	614646	549565	11.8	955487	817610	16.9
中部	594429	386957	53.6	511831	317779	61.1	82599	69178	19.4
西部	307714	195313	57.5	252601	146512	72.4	46740	41266	13.3

3—73 东中西部限额以上直营连锁餐饮企业营业收入

（按业态分）

单位：万元

地区	2003年	2002年	增减%	正餐			快餐		
				2003年	2002年	增减%	2003年	2002年	增减%
全国	**1896253**	**1631192**	**16.2**	**783856**	**675958**	**16.0**	**1062712**	**912879**	**16.4**
东部	1512411	1316465	14.9	526035	469451	12.1	945045	812194	16.4
中部	276471	216891	27.5	194074	147825	31.3	82397	69065	19.3
西部	107371	97837	9.7	63748	58682	8.6	35270	31620	11.5

3—74 东中西部限额以上加盟连锁餐饮企业营业收入

（按业态分）

单位：万元

地区	2003年	2002年	增减%	正餐			快餐		
				2003年	2002年	增减%	2003年	2002年	增减%
全国	**632746**	**372910**	**69.7**	**595221**	**337897**	**76.2**	**22114**	**15174**	**45.7**
东部	114445	105368	8.6	88611	80114	10.6	10442	5416	92.8
中部	317958	170066	87.0	317757	169954	87.0	202	113	78.8
西部	200343	97476	105.5	188853	87830	115.0	11470	9646	18.9

3—75　东中西部限额以上连锁餐饮企业零售额

（按业态分）

单位：万元

地区	2003年	2002年	增减%	正餐			快餐		
				2003年	2002年	增减%	2003年	2002年	增减%
全国	**2444394**	**1934418**	**26.4**	**1322505**	**965788**	**36.9**	**1071508**	**920190**	**16.4**
东部	1548781	1357664	14.1	564226	506844	11.3	942546	809917	16.4
中部	588995	382250	54.1	506396	313073	61.8	82599	69178	19.4
西部	306618	194503	57.6	251883	145872	72.7	46362	41096	12.8

3—76　东中西部限额以上直营连锁餐饮企业零售额

（按业态分）

单位：万元

地区	2003年	2002年	增减%	正餐			快餐		
				2003年	2002年	增减%	2003年	2002年	增减%
全国	**1817729**	**1567892**	**15.9**	**728011**	**628609**	**15.8**	**1049411**	**905026**	**16.0**
东部	1439673	1257952	14.4	475615	426730	11.5	932104	804501	15.9
中部	271763	212902	27.6	189365	143837	31.7	82397	69065	19.3
西部	106293	97037	9.5	63030	58042	8.6	34910	31460	11.0

3—77　东中西部限额以上加盟连锁餐饮企业零售额

（按业态分）

单位：万元

地区	2003年	2002年	增减%	正餐			快餐		
				2003年	2002年	增减%	2003年	2002年	增减%
全国	**626665**	**366526**	**71.0**	**594494**	**337179**	**76.3**	**22096**	**15164**	**45.7**
东部	109108	99712	9.4	88611	80114	10.6	10442	5416	92.8
中部	317232	169348	87.3	317031	169236	87.3	202	113	78.8
西部	200325	97466	105.5	188853	87830	115.0	11452	9636	18.8

3—78 东中西部限额以上直营连锁餐饮企业统一配送比重

（按业态分） 单位：%

地区	2003年	2002年	正餐		快餐	
			2003年	2002年	2003年	2002年
全国	**75.8**	**71.9**	**59.2**	**56.9**	**90.5**	**85.2**
东部	79.2	75.5	61.1	60.7	92.1	86.6
中部	58.8	49.9	54.8	43.5	68.2	63.6
西部	72.0	73.4	56.9	59.8	97.9	98.4

3—79 东中西部限额以上直营连锁餐饮企业自有配送比重

（按业态分） 单位：%

地区	2003年	2002年	正餐		快餐	
			2003年	2002年	2003年	2002年
全国	**53.0**	**49.7**	**47.8**	**45.1**	**58.3**	**54.3**
东部	53.8	51.5	50.2	50.5	57.6	53.7
中部	50.9	39.8	45.2	30.8	64.5	59.1
西部	46.0	46.3	36.0	38.0	62.8	60.8

3—80 东中西部限额以上直营连锁餐饮企业非自有配送比重

（按业态分） 单位：%

地区	2003年	2002年	正餐		快餐	
			2003年	2002年	2003年	2002年
全国	**22.8**	**22.2**	**11.2**	**11.5**	**32.2**	**30.9**
东部	25.4	23.9	10.8	10.2	34.5	32.9
中部	7.8	10.1	9.6	12.7	3.7	4.5
西部	24.7	25.4	18.7	18.9	35.1	37.6

3—81 东中西部限额以上加盟连锁餐饮企业统一配送比重

（按业态分）

单位：%

地区	2003年	2002年	正餐		快餐	
			2003年	2002年	2003年	2002年
全国	**59.0**	**47.9**	**61.0**	**50.5**	**45.5**	**51.9**
东部	2.5	1.4	2.1	1.6	8.7	3.2
中部	89.7	82.0	89.7	82.1		
西部	42.5	38.6	40.3	34.1	79.8	79.8

3—82 东中西部限额以上加盟连锁餐饮企业自有配送比重

（按业态分）

单位：%

地区	2003年	2002年	正餐		快餐	
			2003年	2002年	2003年	2002年
全国	**47.4**	**24.6**	**49.5**	**26.0**	**24.1**	**26.3**
东部	1.3	0.6	0.7	0.5	7.7	3.2
中部	71.9	37.4	71.9	37.4		
西部	35.0	28.4	34.7	27.1	39.4	39.5

3—83 东中西部限额以上加盟连锁餐饮企业非自有配送比重

（按业态分）

单位：%

地区	2003年	2002年	正餐		快餐	
			2003年	2002年	2003年	2002年
全国	**11.0**	**22.5**	**10.9**	**23.7**	**21.4**	**25.6**
东部	1.2	0.8	1.3	1.0	1.0	
中部	17.8	44.6	17.8	44.7		
西部	5.7	7.3	3.6	3.7	40.4	40.3

3—84 东中西部限额以上连锁餐饮企业利润总额

（按业态分）　　单位：万元

地 区	2003 年	2002 年	增减%	正餐			快餐		
				2003 年	2002 年	增减%	2003 年	2002 年	增减%
全 国	**196269**	**119205**	**64.6**	**90523**	**57577**	**57.2**	**104037**	**60297**	**72.5**
东 部	141691	96042	47.5	42226	37757	11.8	98142	57266	71.4
中 部	52297	17981	190.8	47370	14560	225.3	4927	3421	44.0
西 部	2281	5182	-56.0	928	5260	-82.4	967	-390	-347.9

3—85 东中西部限额以上连锁餐饮企业资产总额

（按业态分）　　单位：万元

地 区	2003 年	2002 年	增减%	正餐			快餐		
				2003 年	2002 年	增减%	2003 年	2002 年	增减%
全 国	**1218607**	**1145488**	**6.4**	**494343**	**464174**	**6.5**	**668552**	**634487**	**5.4**
东 部	963805	938278	2.7	340738	342909	-0.6	578982	554264	4.5
中 部	175788	142332	23.5	114489	88934	28.7	61298	53398	14.8
西 部	79014	64878	21.8	39116	32330	21.0	28271	26825	5.4

3—86 东中西部限额以上连锁餐饮企业负债总额

（按业态分）　　单位：万元

地 区	2003 年	2002 年	增减%	正餐			快餐		
				2003 年	2002 年	增减%	2003 年	2002 年	增减%
全 国	**699388**	**655150**	**6.8**	**270062**	**237398**	**13.8**	**397734**	**391977**	**1.5**
东 部	540234	541699	-0.3	178047	181683	-2.0	337742	337195	0.2
中 部	114387	75480	51.5	70224	40975	71.4	44163	34505	28.0
西 部	44767	37971	17.9	21791	14740	47.8	15829	20277	-21.9

3—87　六经济区限额以上连锁餐饮企业门店数

（按业态分）

单位：个

地　区	2003年	2002年	增减%	正餐			快餐		
				2003年	2002年	增减%	2003年	2002年	增减%
全　国	**5451**	**4742**	**15.0**	**2798**	**2508**	**11.6**	**1966**	**1659**	**18.5**
华　北	2084	1886	10.5	978	901	8.5	597	503	18.7
东　北	308	299	3.0	165	160	3.1	143	139	2.9
华　东	1286	1074	19.7	474	457	3.7	673	552	21.9
中　南	676	588	15.0	238	214	11.2	438	374	17.1
西　南	971	788	23.2	872	710	22.8	76	62	22.6
西　北	126	107	17.8	71	66	7.6	39	29	34.5

3—88　六经济区限额以上直营连锁餐饮企业门店数

（按业态分）

单位：个

地　区	2003年	2002年	增减%	正餐			快餐		
				2003年	2002年	增减%	2003年	2002年	增减%
全　国	**3208**	**2746**	**16.8**	**1077**	**984**	**9.5**	**1870**	**1610**	**16.1**
华　北	933	790	18.1	266	225	18.2	573	495	15.8
东　北	197	186	5.9	54	47	14.9	143	139	2.9
华　东	1244	1046	18.9	463	450	2.9	649	542	19.7
中　南	591	512	15.4	153	138	10.9	438	374	17.1
西　南	156	130	20.0	92	76	21.1	45	38	18.4
西　北	87	82	6.1	49	48	2.1	22	22	

3—89　六经济区限额以上加盟连锁餐饮企业门店数

（按业态分）

单位：个

地　区	2003年	2002年	增减%	正餐			快餐		
				2003年	2002年	增减%	2003年	2002年	增减%
全　国	**2243**	**1996**	**12.4**	**1721**	**1524**	**12.9**	**96**	**49**	**95.9**
华　北	1151	1096	5.0	712	676	5.3	24	8	200.0
东　北	111	113	-1.8	111	113	-1.8			
华　东	42	28	50.0	11	7	57.1	24	10	140.0
中　南	85	76	11.8	85	76	11.8			
西　南	815	658	23.9	780	634	23.0	31	24	29.2
西　北	39	25	56.0	22	18	22.2	17	7	142.9

3—90 六经济区限额以上连锁餐饮企业营业面积

（按业态分）

单位：平方米

地区	2003年	2002年	增减%	正餐			快餐		
				2003年	2002年	增减%	2003年	2002年	增减%
全国	**3677906**	**3214481**	**14.4**	**2276539**	**2074336**	**9.7**	**1350581**	**1098491**	**22.9**
华北	1003736	918446	9.3	784881	721598	8.8	196225	176040	11.5
东北	201486	192989	4.4	141775	134375	5.5	59711	58614	1.9
华东	631866	545243	15.9	387572	345962	12.0	232946	189723	22.8
中南	483950	460448	5.1	268929	273069	-1.5	215021	187379	14.8
西南	1282878	1028833	24.7	640129	546462	17.1	635341	476863	33.2
西北	73990	68522	8.0	53253	52870	0.7	11337	9872	14.8

3—91 六经济区限额以上直营连锁餐饮企业营业面积

（按业态分）

单位：平方米

地区	2003年	2002年	增减%	正餐			快餐		
				2003年	2002年	增减%	2003年	2002年	增减%
全国	**2443876**	**2081749**	**17.4**	**1070038**	**959172**	**11.6**	**1328725**	**1085225**	**22.4**
华北	475079	429352	10.7	267873	238705	12.2	188649	173801	8.5
东北	100170	94973	5.5	40459	36359	11.3	59711	58614	1.9
华东	614906	532083	15.6	374542	335802	11.5	229216	187063	22.5
中南	413238	383906	7.6	198217	196527	0.9	215021	187379	14.8
西南	771543	577130	33.7	139494	101959	36.8	626041	469663	33.3
西北	68940	64305	7.2	49453	49820	-0.7	10087	8705	15.9

3—92 六经济区限额以上加盟连锁餐饮企业营业面积

（按业态分）

单位：平方米

地区	2003年	2002年	增减%	正餐			快餐		
				2003年	2002年	增减%	2003年	2002年	增减%
全国	**1234030**	**1132732**	**8.9**	**1206501**	**1115164**	**8.2**	**21856**	**13266**	**64.8**
华北	528657	489094	8.1	517008	482893	7.1	7576	2239	238.4
东北	101316	98016	3.4	101316	98016	3.4			
华东	16960	13160	28.9	13030	10160	28.2	3730	2660	40.2
中南	70712	76542	-7.6	70712	76542	-7.6			
西南	511335	451703	13.2	500635	444503	12.6	9300	7200	29.2
西北	5050	4217	19.8	3800	3050	24.6	1250	1167	7.1

3—93　六经济区限额以上连锁餐饮企业从业人员

（按业态分）

单位：人

地　区	2003年	2002年	增减%	正餐			快餐		
				2003年	2002年	增减%	2003年	2002年	增减%
全　国	**302451**	**438385**	**-31.0**	**205591**	**353928**	**-41.9**	**92596**	**81096**	**14.2**
华　北	87603	79697	9.9	66321	59835	10.8	19685	18327	7.4
东　北	19510	18255	6.9	8574	7685	11.6	10936	10570	3.5
华　东	77677	67378	15.3	43260	39598	9.2	33387	27075	23.3
中　南	43980	42095	4.5	19373	20622	-6.1	24607	21473	14.6
西　南	68804	226530	-69.6	65027	223052	-70.8	3367	3087	9.1
西　北	4877	4430	10.1	3036	3136	-3.2	614	564	8.9

3—94　六经济区限额以上直营连锁餐饮企业从业人员

（按业态分）

单位：人

地　区	2003年	2002年	增减%	正餐			快餐		
				2003年	2002年	增减%	2003年	2002年	增减%
全　国	**186093**	**165835**	**12.2**	**91542**	**82905**	**10.4**	**90442**	**79657**	**13.5**
华　北	43185	39525	9.3	22539	19966	12.9	19100	18067	5.7
东　北	13147	12615	4.2	2211	2045	8.1	10936	10570	3.5
华　东	72882	62908	15.9	38995	35548	9.7	32882	26700	23.2
中　南	38676	35296	9.6	14069	13823	1.8	24607	21473	14.6
西　南	14025	11585	21.1	11257	8827	27.5	2437	2367	3.0
西　北	4178	3906	7.0	2471	2696	-8.3	480	480	

3—95　六经济区限额以上加盟连锁餐饮企业从业人员

（按业态分）

单位：人

地　区	2003年	2002年	增减%	正餐			快餐		
				2003年	2002年	增减%	2003年	2002年	增减%
全　国	**116358**	**272550**	**-57.3**	**114049**	**271023**	**-57.9**	**2154**	**1439**	**49.7**
华　北	44418	40172	10.6	43782	39869	9.8	585	260	125.0
东　北	6363	5640	12.8	6363	5640	12.8			
华　东	4795	4470	7.3	4265	4050	5.3	505	375	34.7
中　南	5304	6799	-22.0	5304	6799	-22.0			
西　南	54779	214945	-74.5	53770	214225	-74.9	930	720	29.2
西　北	699	524	33.4	565	440	28.4	134	84	59.5

3—96 六经济区限额以上连锁餐饮企业营业收入

（按业态分）

单位：万元

地 区	2003 年	2002 年	增减%	正餐			快餐		
				2003 年	2002 年	增减%	2003 年	2002 年	增减%
全 国	**2528999**	**2004102**	**26.2**	**1379077**	**1013855**	**36.0**	**1084826**	**928053**	**16.9**
华 北	946534	715306	32.3	561101	350950	59.9	340911	316143	7.8
东 北	128525	116785	10.1	88284	82527	7.0	40241	34258	17.5
华 东	731019	589689	24.0	315210	269978	16.8	403607	313267	28.8
中 南	415207	387010	7.3	161880	163890	-1.2	253326	223120	13.5
西 南	280214	169971	64.9	235715	130638	80.4	42212	37122	13.7
西 北	27501	25341	8.5	16886	15874	6.4	4529	4143	9.3

3—97 六经济区限额以上直营连锁餐饮企业营业收入

（按业态分）

单位：万元

地 区	2003 年	2002 年	增减%	正餐			快餐		
				2003 年	2002 年	增减%	2003 年	2002 年	增减%
全 国	**1896253**	**1631192**	**16.2**	**783856**	**675958**	**16.0**	**1062712**	**912879**	**16.4**
华 北	611845	526233	16.3	250431	186533	34.3	332195	311219	6.7
东 北	75984	70596	7.6	35743	36338	-1.6	40241	34258	17.5
华 东	722987	583745	23.9	309194	264744	16.8	401680	312662	28.5
中 南	378066	352781	7.2	124739	129661	-3.8	253326	223120	13.5
西 南	82643	74931	10.3	49468	45128	9.6	30908	27591	12.0
西 北	24728	22906	8.0	14280	13554	5.4	4362	4028	8.3

3—98 六经济区限额以上加盟连锁餐饮企业营业收入

（按业态分）

单位：万元

地 区	2003 年	2002 年	增减%	正餐			快餐		
				2003 年	2002 年	增减%	2003 年	2002 年	增减%
全 国	**632746**	**372910**	**69.7**	**595221**	**337897**	**76.2**	**22114**	**15174**	**45.7**
华 北	334689	189073	77.0	310670	164417	89.0	8716	4924	77.0
东 北	52541	46189	13.8	52541	46189	13.8			
华 东	8032	5944	35.1	6016	5234	14.9	1927	605	218.5
中 南	37141	34229	8.5	37141	34229	8.5			
西 南	197571	95040	107.9	186247	85510	117.8	11304	9531	18.6
西 北	2773	2435	13.9	2606	2320	12.3	167	115	45.2

3—99　六经济区限额以上连锁餐饮企业零售额

（按业态分）　　单位：万元

地　区	2003 年	2002 年	增减%	正餐			快餐		
				2003 年	2002 年	增减%	2003 年	2002 年	增减%
全　国	**2444394**	**1934418**	**26.4**	**1322505**	**965788**	**36.9**	**1071508**	**920190**	**16.4**
华　北	924815	698809	32.3	559383	350593	59.6	335488	313758	6.9
东　北	119882	110787	8.2	86503	80898	6.9	33379	29889	11.7
华　东	680497	545738	24.7	264825	226212	17.1	403607	313082	28.9
中　南	412582	384581	7.3	159911	162214	-1.4	252670	222368	13.6
西　南	280014	169765	64.9	235515	130432	80.6	42212	37122	13.7
西　北	26605	24737	7.6	16368	15440	6.0	4151	3973	4.5

3—100　六经济区限额以上直营连锁餐饮企业零售额

（按业态分）　　单位：万元

地　区	2003 年	2002 年	增减%	正餐			快餐		
				2003 年	2002 年	增减%	2003 年	2002 年	增减%
全　国	**1817729**	**1567892**	**15.9**	**728011**	**628609**	**15.8**	**1049411**	**905026**	**16.0**
华　北	595463	515392	15.5	248713	186176	33.6	326772	308834	5.8
东　北	68067	65317	4.2	34688	35428	-2.1	33379	29889	11.7
华　东	672465	539794	24.6	258809	220978	17.1	401680	312477	28.5
中　南	375441	350352	7.2	122770	127985	-4.1	252670	222368	13.6
西　南	82443	74725	10.3	49268	44922	9.7	30908	27591	12.0
西　北	23850	22312	6.9	13762	13120	4.9	4002	3868	3.5

3—101　六经济区限额以上加盟连锁餐饮企业零售额

（按业态分）　　单位：万元

地　区	2003 年	2002 年	增减%	正餐			快餐		
				2003 年	2002 年	增减%	2003 年	2002 年	增减%
全　国	**626665**	**366526**	**71.0**	**594494**	**337179**	**76.3**	**22096**	**15164**	**45.7**
华　北	329352	183417	79.6	310670	164417	89.0	8716	4924	77.0
东　北	51815	45470	14.0	51815	45470	14.0			
华　东	8032	5944	35.1	6016	5234	14.9	1927	605	218.5
中　南	37141	34229	8.5	37141	34229	8.5			
西　南	197571	95040	107.9	186247	85510	117.8	11304	9531	18.6
西　北	2755	2425	13.6	2606	2320	12.3	149	105	41.9

3—102 六经济区限额以上直营连锁餐饮企业统一配送比重

（按业态分）

单位：%

地区	2003年	2002年	正餐		快餐	
			2003年	2002年	2003年	2002年
全国	**75.8**	**71.9**	**59.2**	**56.9**	**90.5**	**85.2**
华北	79.7	80.7	67.8	69.0	95.3	94.4
东北	23.3	17.5	7.1	5.1	37.7	30.8
华东	82.9	82.4	74.3	72.7	91.0	91.2
中南	67.5	52.1	20.6	20.3	90.6	70.6
西南	69.7	71.8	50.5	55.0	99.6	99.6
西北	79.8	78.8	79.2	75.7	85.7	90.2

3—103 六经济区限额以上直营连锁餐饮企业自有配送比重

（按业态分）

单位：%

地区	2003年	2002年	正餐		快餐	
			2003年	2002年	2003年	2002年
全国	**53.0**	**49.7**	**47.8**	**45.1**	**58.3**	**54.3**
华北	52.8	49.8	46.5	45.9	61.8	56.1
东北	16.8	11.2	7.1	5.1	25.4	17.7
华东	69.7	68.5	69.7	67.1	70.7	70.0
中南	30.5	26.9	14.0	13.6	38.6	34.6
西南	45.1	45.6	33.7	36.9	60.9	58.2
西北	49.0	48.4	44.2	41.8	76.5	78.9

3—104 六经济区限额以上直营连锁餐饮企业非自有配送比重

（按业态分）

单位：%

地区	2003年	2002年	正餐		快餐	
			2003年	2002年	2003年	2002年
全国	**22.8**	**22.2**	**11.2**	**11.5**	**32.2**	**30.9**
华北	26.9	30.9	21.2	23.1	33.5	38.3
东北	6.6	6.3			12.4	13.1
华东	13.3	13.8	4.7	5.6	20.3	21.1
中南	37.0	25.2	6.4	6.5	52.0	36.0
西南	22.9	23.9	14.1	14.4	38.8	41.4
西北	30.7	30.4	34.9	33.9	9.2	11.3

3—105　六经济区限额以上加盟连锁餐饮企业统一配送比重

（按业态分）

单位：%

地　区	2003年	2002年	正餐		快餐	
			2003年	2002年	2003年	2002年
全　国	**59.0**	**47.9**	**61.0**	**50.5**	**45.5**	**51.9**
华　北	84.6	73.1	91.2	84.0		
东　北	0.5		0.5			
华　东	18.4	6.2	8.5	2.4	46.9	28.2
中　南	7.7	7.3	7.7	7.3		
西　南	41.8	37.1	39.5	32.3	80.0	80.0
西　北	96.3	98.4	98.1	100.0	68.8	66.3

3—106　六经济区限额以上加盟连锁餐饮企业自有配送比重

（按业态分）

单位：%

地　区	2003年	2002年	正餐		快餐	
			2003年	2002年	2003年	2002年
全　国	**47.4**	**24.6**	**49.5**	**26.0**	**24.1**	**26.3**
华　北	67.7	32.9	73.0	37.9		
东　北	0.5		0.5			
华　东	12.8	4.9	3.4	1.7	41.7	28.2
中　南	5.3	5.0	5.3	5.0		
西　南	34.6	27.4	34.2	26.0	40.0	40.0
西　北	66.5	65.9	70.8	69.2		

3-107　六经济区限额以上加盟连锁餐饮企业非自有配送比重

（按业态分）

单位：%

地　区	2003年	2002年	正餐		快餐	
			2003年	2002年	2003年	2002年
全　国	**11.0**	**22.5**	**10.9**	**23.7**	**21.4**	**25.6**
华　北	16.9	40.1	18.2	46.2		
东　北						
华　东	5.6	1.3	5.1	0.7	5.2	
中　南	2.3	2.3	2.3	2.3		
西　南	5.4	6.7	3.3	2.9	40.0	40.0
西　北	29.8	32.5	27.3	30.8	68.8	66.3

3—108 六经济区限额以上连锁餐饮企业利润总额

（按业态分）

单位：万元

地区	2003年	2002年	增减%	正餐			快餐		
				2003年	2002年	增减%	2003年	2002年	增减%
全国	**196269**	**119205**	**64.6**	**90523**	**57577**	**57.2**	**104037**	**60297**	**72.5**
华北	86361	45705	89.0	52202	21978	137.5	32813	22732	44.3
东北	17675	16158	9.4	7056	7492	-5.8	10619	8665	22.6
华东	74419	41600	78.9	29583	20219	46.3	44860	21358	110.0
中南	15534	10560	47.1	755	2628	-71.3	14779	7932	86.3
西南	3700	6698	-44.8	2371	6860	-65.4	1043	-410	-354.4
西北	-1419	-1516	-6.4	-1444	-1601	-9.8	-76	20	-480.0

3—109 六经济区限额以上连锁餐饮企业资产总额

（按业态分）

单位：万元

地区	2003年	2002年	增减%	正餐			快餐		
				2003年	2002年	增减%	2003年	2002年	增减%
全国	**1218607**	**1145488**	**6.4**	**494343**	**464174**	**6.5**	**668552**	**634487**	**5.4**
华北	367784	351136	4.7	164747	155115	6.2	175786	169325	3.8
东北	69881	70941	-1.5	14267	16704	-14.6	55614	54237	2.5
华东	421596	401223	5.1	181119	178948	1.2	223642	207866	7.6
中南	280332	257311	8.9	95094	81077	17.3	185238	176234	5.1
西南	47580	41112	15.7	26232	19897	31.8	20127	20292	-0.8
西北	31434	23766	32.3	12884	12434	3.6	8144	6534	24.6

3—110 六经济区限额以上连锁餐饮企业负债总额

（按业态分）

单位：万元

地区	2003年	2002年	增减%	正餐			快餐		
				2003年	2002年	增减%	2003年	2002年	增减%
全国	**699388**	**655150**	**6.8**	**270062**	**237398**	**13.8**	**397734**	**391977**	**1.5**
华北	190464	191388	-0.5	86043	72420	18.8	90410	104670	-13.6
东北	48654	47680	2.0	15094	16214	-6.9	33560	31466	6.7
华东	244308	232094	5.3	92876	95330	-2.6	141000	128241	9.9
中南	171195	146017	17.2	54259	38694	40.2	116936	107324	9.0
西南	28388	27675	2.6	14236	8378	69.9	13443	18789	-28.5
西北	16379	10295	59.1	7555	6362	18.8	2387	1487	60.5

3—111 大中小城市限额以上连锁餐饮企业门店数

（按业态分）

单位：个

地 区	2003 年	2002 年	增减%	正餐			快餐		
				2003 年	2002 年	增减%	2003 年	2002 年	增减%
全 国	**5451**	**4742**	**15.0**	**2798**	**2508**	**11.6**	**1966**	**1659**	**18.5**
大城市	4374	3787	15.5	1993	1776	12.2	1725	1472	17.2
中城市	1077	955	12.8	805	732	10.0	241	187	28.9
小城市									

3—112 大中小城市限额以上直营连锁餐饮企业门店数

（按业态分）

单位：个

地 区	2003 年	2002 年	增减%	正餐			快餐		
				2003 年	2002 年	增减%	2003 年	2002 年	增减%
全 国	**3208**	**2746**	**16.8**	**1077**	**984**	**9.5**	**1870**	**1610**	**16.1**
大城市	2786	2373	17.4	890	819	8.7	1659	1427	16.3
中城市	422	373	13.1	187	165	13.3	211	183	15.3
小城市									

3—113 大中小城市限额以上加盟连锁餐饮企业门店数

（按业态分）

单位：个

地 区	2003 年	2002 年	增减%	正餐			快餐		
				2003 年	2002 年	增减%	2003 年	2002 年	增减%
全 国	**2243**	**1996**	**12.4**	**1721**	**1524**	**12.9**	**96**	**49**	**95.9**
大城市	1588	1414	12.3	1103	957	15.3	66	45	46.7
中城市	655	582	12.5	618	567	9.0	30	4	650.0
小城市									

3—114 大中小城市限额以上连锁餐饮企业营业面积

（按业态分）

单位：平方米

地 区	2003 年	2002 年	增减%	正餐			快餐		
				2003 年	2002 年	增减%	2003 年	2002 年	增减%
全 国	**3677906**	**3214481**	**14.4**	**2276539**	**2074336**	**9.7**	**1350581**	**1098491**	**22.9**
大城市	2931761	2582455	13.5	1587186	1485713	6.8	1299739	1060688	22.5
中城市	746145	632026	18.1	689353	588623	17.1	50842	37803	34.5
小城市									

3—115 大中小城市限额以上直营连锁餐饮企业营业面积

（按业态分）

单位：平方米

地 区	2003 年	2002 年	增减%	正餐			快餐		
				2003 年	2002 年	增减%	2003 年	2002 年	增减%
全 国	**2443876**	**2081749**	**17.4**	**1070038**	**959172**	**11.6**	**1328725**	**1085225**	**22.4**
大城市	2186502	1898133	15.2	867043	818349	6.0	1280096	1047692	22.2
中城市	257374	183616	40.2	202995	140823	44.1	48629	37533	29.6
小城市									

3—116 大中小城市限额以上加盟连锁餐饮企业营业面积

（按业态分）

单位：平方米

地 区	2003 年	2002 年	增减%	正餐			快餐		
				2003 年	2002 年	增减%	2003 年	2002 年	增减%
全 国	**1234030**	**1132732**	**8.9**	**1206501**	**1115164**	**8.2**	**21856**	**13266**	**64.8**
大城市	745259	684322	8.9	720143	667364	7.9	19643	12996	51.1
中城市	488771	448410	9.0	486358	447800	8.6	2213	270	719.6
小城市									

3—117 大中小城市限额以上连锁餐饮企业从业人员

（按业态分）

单位：人

地　区	2003年	2002年	增减%	正餐			快餐		
				2003年	2002年	增减%	2003年	2002年	增减%
全　国	**302451**	**438385**	**-31.0**	**205591**	**353928**	**-41.9**	**92596**	**81096**	**14.2**
大城市	236037	380241	-37.9	147994	303277	-51.2	84019	73923	13.7
中城市	66414	58144	14.2	57597	50651	13.7	8577	7173	19.6
小城市									

3—118 大中小城市限额以上直营连锁餐饮企业从业人员

（按业态分）

单位：人

地　区	2003年	2002年	增减%	正餐			快餐		
				2003年	2002年	增减%	2003年	2002年	增减%
全　国	**186093**	**165835**	**12.2**	**91542**	**82905**	**10.4**	**90442**	**79657**	**13.5**
大城市	162864	146039	11.5	76856	70532	9.0	82114	72509	13.2
中城市	23229	19796	17.3	14686	12373	18.7	8328	7148	16.5
小城市									

3—119 大中小城市限额以上加盟连锁餐饮企业从业人员

（按业态分）

单位：人

地　区	2003年	2002年	增减%	正餐			快餐		
				2003年	2002年	增减%	2003年	2002年	增减%
全　国	**116358**	**272550**	**-57.3**	**114049**	**271023**	**-57.9**	**2154**	**1439**	**49.7**
大城市	73173	234202	-68.8	71138	232745	-69.4	1905	1414	34.7
中城市	43185	38348	12.6	42911	38278	12.1	249	25	896.0
小城市									

3—120 大中小城市限额以上连锁餐饮企业营业收入

（按业态分）

单位：万元

地 区	2003年	2002年	增减%	正餐			快餐		
				2003年	2002年	增减%	2003年	2002年	增减%
全 国	**2528999**	**2004102**	**26.2**	**1379077**	**1013855**	**36.0**	**1084826**	**928053**	**16.9**
大城市	2030691	1726084	17.6	975350	801482	21.7	994986	866856	14.8
中城市	498308	278018	79.2	403726	212373	90.1	89840	61197	46.8
小城市									

3—121 大中小城市限额以上直营连锁餐饮企业营业收入

（按业态分）

单位：万元

地 区	2003年	2002年	增减%	正餐			快餐		
				2003年	2002年	增减%	2003年	2002年	增减%
全 国	**1896253**	**1631192**	**16.2**	**783856**	**675958**	**16.0**	**1062712**	**912879**	**16.4**
大城市	1687830	1495272	12.9	669073	605537	10.5	973724	851722	14.3
中城市	208423	135920	53.3	114783	70421	63.0	88988	61157	45.5
小城市									

3—122 大中小城市限额以上加盟连锁餐饮企业营业收入

（按业态分）

单位：万元

地 区	2003年	2002年	增减%	正餐			快餐		
				2003年	2002年	增减%	2003年	2002年	增减%
全 国	**632746**	**372910**	**69.7**	**595221**	**337897**	**76.2**	**22114**	**15174**	**45.7**
大城市	342861	230812	48.5	306277	195945	56.3	21262	15134	40.5
中城市	289885	142098	104.0	288943	141952	103.5	852	40	2030.0
小城市									

3—123 大中小城市限额以上连锁餐饮企业零售额

（按业态分） 单位：万元

地区	2003年	2002年	增减%	正餐			快餐		
				2003年	2002年	增减%	2003年	2002年	增减%
全国	**2444394**	**1934418**	**26.4**	**1322505**	**965788**	**36.9**	**1071508**	**920190**	**16.4**
大城市	1946464	1656755	17.5	918778	753415	21.9	982045	859349	14.3
中城市	497930	277663	79.3	403726	212373	90.1	89462	60842	47.0
小城市									

3—124 大中小城市限额以上直营连锁餐饮企业零售额

（按业态分） 单位：万元

地区	2003年	2002年	增减%	正餐			快餐		
				2003年	2002年	增减%	2003年	2002年	增减%
全国	**1817729**	**1567892**	**15.9**	**728011**	**628609**	**15.8**	**1049411**	**905026**	**16.0**
大城市	1609666	1432317	12.4	613227	558188	9.9	960783	844215	13.8
中城市	208063	135575	53.5	114783	70421	63.0	88628	60812	45.7
小城市									

3—125 大中小城市限额以上加盟连锁餐饮企业零售额

（按业态分） 单位：万元

地区	2003年	2002年	增减%	正餐			快餐		
				2003年	2002年	增减%	2003年	2002年	增减%
全国	**626665**	**366526**	**71.0**	**594494**	**337179**	**76.3**	**22096**	**15164**	**45.7**
大城市	336798	224438	50.1	305551	195227	56.5	21262	15134	40.5
中城市	289867	142088	104.0	288943	141952	103.5	834	30	2680.0
小城市									

3—126　大中小城市限额以上直营连锁餐饮企业统一配送比重

（按业态分）　　单位：%

地　区	2003年	2002年	正餐		快餐	
			2003年	2002年	2003年	2002年
全　国	**75.8**	**71.9**	**59.2**	**56.9**	**90.5**	**85.2**
大城市	74.2	70.8	54.6	54.0	90.3	85.0
中城市	88.7	84.5	86.1	81.2	92.6	88.5
小城市						

3—127　大中小城市限额以上直营连锁餐饮企业自有配送比重

（按业态分）　　单位：%

地　区	2003年	2002年	正餐		快餐	
			2003年	2002年	2003年	2002年
全　国	**53.0**	**49.7**	**47.8**	**45.1**	**58.3**	**54.3**
大城市	50.0	48.0	43.9	44.0	55.9	52.3
中城市	76.7	68.1	70.6	54.6	84.4	82.9
小城市						

3—128　大中小城市限额以上直营连锁餐饮企业非自有配送比重

（按业态分）　　单位：%

地　区	2003年	2002年	正餐		快餐	
			2003年	2002年	2003年	2002年
全　国	**22.8**	**22.2**	**11.2**	**11.5**	**32.2**	**30.9**
大城市	24.1	22.7	10.4	9.7	34.4	32.7
中城市	12.0	16.3	15.5	26.7	8.2	5.5
小城市						

3—129 大中小城市限额以上加盟连锁餐饮企业统一配送比重

（按业态分）

单位：%

地 区	2003 年	2002 年	正餐		快餐	
			2003 年	2002 年	2003 年	2002 年
全 国	**59.0**	**47.9**	**61.0**	**50.5**	**45.5**	**51.9**
大城市	25.4	17.1	25.4	16.1	44.7	52.0
中城市	98.6	98.0	98.7	98.1	66.7	3.0
小城市						

3—130 大中小城市限额以上加盟连锁餐饮企业自有配送比重

（按业态分）

单位：%

地 区	2003 年	2002 年	正餐		快餐	
			2003 年	2002 年	2003 年	2002 年
全 国	**47.4**	**24.6**	**49.5**	**26.0**	**24.1**	**26.3**
大城市	20.8	12.4	21.7	12.6	22.8	26.3
中城市	78.9	44.5	79.0	44.6	55.0	3.0
小城市						

3—131 大中小城市限额以上加盟连锁餐饮企业非自有配送比重

（按业态分）

单位：%

地 区	2003 年	2002 年	正餐		快餐	
			2003 年	2002 年	2003 年	2002 年
全 国	**11.0**	**22.5**	**10.9**	**23.7**	**21.4**	**25.6**
大城市	3.6	3.4	2.5	2.0	21.8	25.7
中城市	19.7	53.5	19.7	53.5	11.7	
小城市						

3—132 大中小城市限额以上连锁餐饮企业利润总额

（按业态分）

单位：万元

地 区	2003年	2002年	增减%	正餐			快餐		
				2003年	2002年	增减%	2003年	2002年	增减%
全 国	**196269**	**119205**	**64.6**	**90523**	**57577**	57.2	**104037**	**60297**	**72.5**
大城市	134625	100188	34.4	47207	48165	-2.0	85866	50851	68.9
中城市	61644	19017	224.2	43316	9412	360.2	18171	9446	92.4
小城市									

3—133 大中小城市限额以上连锁餐饮企业资产总额

（按业态分）

单位：万元

地 区	2003年	2002年	增减%	正餐			快餐		
				2003年	2002年	增减%	2003年	2002年	增减%
全 国	**1218607**	**1145488**	**6.4**	**494343**	**464174**	**6.5**	**668552**	**634487**	**5.4**
大城市	1127251	1073400	5.0	453687	433305	4.7	632377	606951	4.2
中城市	91355	72088	26.7	40657	30869	31.7	36174	27536	31.4
小城市									

3—134 大中小城市限额以上连锁餐饮企业负债总额

（按业态分）

单位：万元

地 区	2003年	2002年	增减%	正餐			快餐		
				2003年	2002年	增减%	2003年	2002年	增减%
全 国	**699388**	**655150**	**6.8**	**270062**	**237398**	**13.8**	**397734**	**391977**	**1.5**
大城市	654704	618005	5.9	250789	221297	13.3	382025	379335	0.7
中城市	44684	37144	20.3	19273	16101	19.7	15709	12642	24.3
小城市									

3—135 35 城市限额以上连锁餐饮企业门店数

（按业态分）

单位：个

城市	2003年	2002年	增减%	正餐			快餐		
				2003年	2002年	增减%	2003年	2002年	增减%
合计	**4374**	**3787**	**15.5**	**1993**	**1776**	**12.2**	**1725**	**1472**	**17.2**
北京	682	602	13.3	193	170	13.5	436	388	12.4
天津	705	642	9.8	103	104	-1.0	146	100	46.0
石家庄									
太原	16	12	33.3	4	4		12	8	50.0
呼和浩特									
沈阳	248	238	4.2	145	137	5.8	103	101	2.0
大连	39	39		3	5	-40.0	36	34	5.9
长春	3	4	-25.0	3	4	-25.0			
哈尔滨	13	13		9	9		4	4	
上海	414	397	4.3	371	356	4.2	43	41	4.9
南京	107	97	10.3				107	97	10.3
杭州	156	117	33.3	8	8		148	109	35.8
宁波	11	11		9	9		2	2	
合肥	22	25	-12.0	13	17	-23.5	9	8	12.5
福州	25	25					25	25	
厦门	167	81	106.2	13	14	-7.1	46	38	21.1
南昌	15	17	-11.8	8	8		7	9	-22.2
济南	9	8	12.5				9	8	12.5
青岛	67	56	19.6	9	10	-10.0	58	46	26.1
郑州									
武汉	151	143	5.6	81	82	-1.2	70	61	14.8
长沙	41	34	20.6	5	6	-16.7	36	28	28.6
广州	281	230	22.2	106	83	27.7	175	147	19.0
深圳	155	136	14.0				155	136	14.0
南宁									
海口	2	2		2	2				
重庆	730	575	27.0	730	575	27.0			
成都	76	62	22.6				76	62	22.6
贵阳	13	13		13	13				
昆明	121	114	6.1	98	98				
西安	20	17	17.6	12	13	-7.7			
兰州	41	36	13.9	36	30	20.0	5	6	-16.7
西宁	14	15	-6.7	6	7	-14.3			
银川									
乌鲁木齐	30	26	15.4	13	12	8.3	17	14	21.4

3—136 35城市限额以上直营连锁餐饮企业门店数

（按业态分）

单位：个

城市	2003年	2002年	增减%	正餐			快餐		
				2003年	2002年	增减%	2003年	2002年	增减%
合计	**2786**	**2373**	**17.4**	**890**	**819**	**8.7**	**1659**	**1427**	**16.3**
北京	639	559	14.3	151	130	16.2	435	385	13.0
天津	182	138	31.9	18	16	12.5	123	96	28.1
石家庄									
太原	16	12	33.3	4	4		12	8	50.0
呼和浩特									
沈阳	141	129	9.3	38	28	35.7	103	101	2.0
大连	39	39		3	5	-40.0	36	34	5.9
长春	3	4	-25.0	3	4	-25.0			
哈尔滨	9	9		5	5		4	4	
上海	413	396	4.3	370	355	4.2	43	41	4.9
南京	102	90	13.3				102	90	13.3
杭州	156	117	33.3	8	8		148	109	35.8
宁波	9	9		7	7		2	2	
合肥	22	25	-12.0	13	17	-23.5	9	8	12.5
福州	25	25					25	25	
厦门	165	81	103.7	13	14	-7.1	44	38	15.8
南昌	13	13		7	7		6	6	
济南	9	8	12.5				9	8	12.5
青岛	67	56	19.6	9	10	-10.0	58	46	26.1
郑州									
武汉	117	109	7.3	47	48	-2.1	70	61	14.8
长沙	37	29	27.6	1	1		36	28	28.6
广州	242	198	22.2	67	51	31.4	175	147	19.0
深圳	155	136	14.0				155	136	14.0
南宁									
海口	2	2		2	2				
重庆	66	50	32.0	66	50	32.0			
成都	45	38	18.4				45	38	18.4
贵阳	10	10		10	10				
昆明	22	19	15.8	3	3				
西安	20	17	17.6	12	13	-7.7			
兰州	20	18	11.1	18	16	12.5	2	2	
西宁	14	15	-6.7	6	7	-14.3			
银川									
乌鲁木齐	26	22	18.2	9	8	12.5	17	14	21.4

3—137　35城市限额以上加盟连锁餐饮企业门店数

（按业态分）

单位：个

城　　市	2003年	2002年	增减%	正餐			快餐		
				2003年	2002年	增减%	2003年	2002年	增减%
合　　计	**1588**	**1414**	**12.3**	**1103**	**957**	**15.3**	**66**	**45**	**46.7**
北　　京	43	43		42	40	5.0	1	3	-66.7
天　　津	523	504	3.8	85	88	-3.4	23	4	475.0
石 家 庄									
太　　原									
呼和浩特									
沈　　阳	107	109	-1.8	107	109	-1.8			
大　　连									
长　　春									
哈 尔 滨	4	4		4	4				
上　　海	1	1		1	1				
南　　京	5	7	-28.6				5	7	-28.6
杭　　州									
宁　　波	2	2		2	2				
合　　肥									
福　　州									
厦　　门	2						2		
南　　昌	2	4	-50.0	1	1		1	3	-66.7
济　　南									
青　　岛									
郑　　州									
武　　汉	34	34		34	34				
长　　沙	4	5	-20.0	4	5	-20.0			
广　　州	39	32	21.9	39	32	21.9			
深　　圳									
南　　宁									
海　　口									
重　　庆	664	525	26.5	664	525	26.5			
成　　都	31	24	29.2				31	24	29.2
贵　　阳	3	3		3	3				
昆　　明	99	95	4.2	95	95				
西　　安									
兰　　州	21	18	16.7	18	14	28.6	3	4	-25.0
西　　宁									
银　　川									
乌鲁木齐	4	4		4	4				

3—138 35城市限额以上连锁餐饮企业营业面积

（按业态分）

单位：平方米

城市	2003年	2002年	增减%	正餐			快餐		
				2003年	2002年	增减%	2003年	2002年	增减%
合计	**2931761**	**2582455**	**13.5**	**1587186**	**1485713**	**6.8**	**1299739**	**1060688**	**22.5**
北京	333144	308517	8.0	195254	174008	12.2	129423	127235	1.7
天津	101256	83843	20.8	27447	28950	-5.2	59646	41359	44.2
石家庄									
太原	14796	13646	8.4	10000	10000		4796	3646	31.5
呼和浩特									
沈阳	174167	165721	5.1	129700	121500	6.7	44467	44221	0.6
大连	20244	19693	2.8	6000	6300	-4.8	14244	13393	6.4
长春	1800	2300	-21.7	1800	2300	-21.7			
哈尔滨	3503	3503		2503	2503		1000	1000	
上海	198897	193809	2.6	181170	176938	2.4	17727	16871	5.1
南京	43865	39270	11.7				43865	39270	11.7
杭州	85164	68464	24.4	19500	19500		65664	48964	34.1
宁波	37735	37735		36780	36780		955	955	
合肥	42594	46997	-9.4	38078	43000	-11.4	4516	3997	13.0
福州	7200	7200					7200	7200	
厦门	26658	22434	18.8	6914	7214	-4.2	14346	11262	27.4
南昌	32300	33100	-2.4	29500	29500		2800	3600	-22.2
济南	4481	4011	11.7				4481	4011	11.7
青岛	27253	23960	13.7	2490	2680	-7.1	24763	21280	16.4
郑州									
武汉	200588	204258	-1.8	161300	168800	-4.4	39288	35458	10.8
长沙	23472	20802	12.8	5500	6460	-14.9	17972	14342	25.3
广州	130637	126503	3.3	62938	67448	-6.7	67699	59055	14.6
深圳	89212	77674	14.9				89212	77674	14.9
南宁									
海口	1300	1300		1300	1300				
重庆	567950	479853	18.4	567950	479853	18.4			
成都	635341	476863	33.2				635341	476863	33.2
贵阳	11209	11209		11209	11209				
昆明	49008	47108	4.0	41600	41600				
西安	27146	23566	15.2	18066	18066				
兰州	16319	15214	7.3	14056	12501	12.4	2263	2713	-16.6
西宁	8868	10100	-12.2	8548	9820	-13.0			
银川									
乌鲁木齐	15654	13802	13.4	7583	7483	1.3	8071	6319	27.7

3—139　35城市限额以上直营连锁餐饮企业营业面积

（按业态分）

单位：平方米

城　市	2003年	2002年	增减%	正餐			快餐		
				2003年	2002年	增减%	2003年	2002年	增减%
合　计	**2186502**	**1898133**	**15.2**	**867043**	**818349**	**6.0**	**1280096**	**1047692**	**22.2**
北　京	287201	266247	7.9	149751	133305	12.3	128983	125668	2.6
天　津	86180	74629	15.5	23580	24360	-3.2	52510	40697	29.0
石家庄									
太　原	14796	13646	8.4	10000	10000		4796	3646	31.5
呼和浩特									
沈　阳	74567	69421	7.4	30100	25200	19.4	44467	44221	0.6
大　连	20244	19693	2.8	6000	6300	-4.8	14244	13393	6.4
长　春	1800	2300	-21.7	1800	2300	-21.7			
哈尔滨	1787	1787		787	787		1000	1000	
上　海	198867	193779	2.6	181140	176908	2.4	17727	16871	5.1
南　京	42755	37810	13.1				42755	37810	13.1
杭　州	85164	68464	24.4	19500	19500		65664	48964	34.1
宁　波	33455	33455		32500	32500		955	955	
合　肥	42594	46997	-9.4	38078	43000	-11.4	4516	3997	13.0
福　州	7200	7200					7200	7200	
厦　门	25858	22434	15.3	6914	7214	-4.2	13546	11262	20.3
南　昌	26900	26900		24500	24500		2400	2400	
济　南	4481	4011	11.7				4481	4011	11.7
青　岛	27253	23960	13.7	2490	2680	-7.1	24763	21280	16.4
郑　州									
武　汉	141788	139158	1.9	102500	103700	-1.2	39288	35458	10.8
长　沙	18972	15342	23.7	1000	1000		17972	14342	25.3
广　州	128425	124371	3.3	60726	65316	-7.0	67699	59055	14.6
深　圳	89212	77674	14.9				89212	77674	14.9
南　宁									
海　口	1300	1300		1300	1300				
重　庆	117115	80850	44.9	117115	80850	44.9			
成　都	626041	469663	33.3				626041	469663	33.3
贵　阳	8409	8409		8409	8409				
昆　明	10408	9908	5.0	4400	4400				
西　安	27146	23566	15.2	18066	18066				
兰　州	13162	12357	6.5	11356	10551	7.6	1806	1806	
西　宁	8868	10100	-12.2	8548	9820	-13.0			
银　川									
乌鲁木齐	14554	12702	14.6	6483	6383	1.6	8071	6319	27.7

3—140 35城市限额以上加盟连锁餐饮企业营业面积

（按业态分）

单位：平方米

城市	2003年	2002年	增减%	正餐			快餐		
				2003年	2002年	增减%	2003年	2002年	增减%
合计	**745259**	**684322**	**8.9**	**720143**	**667364**	**7.9**	**19643**	**12996**	**51.1**
北京	45943	42270	8.7	45503	40703	11.8	440	1567	-71.9
天津	15076	9214	63.6	3867	4590	-15.8	7136	662	977.9
石家庄									
太原									
呼和浩特									
沈阳	99600	96300	3.4	99600	96300	3.4			
大连									
长春									
哈尔滨	1716	1716		1716	1716				
上海	30	30		30	30				
南京	1110	1460	-24.0				1110	1460	-24.0
杭州									
宁波	4280	4280		4280	4280				
合肥									
福州									
厦门	800						800		
南昌	5400	6200	-12.9	5000	5000		400	1200	-66.7
济南									
青岛									
郑州									
武汉	58800	65100	-9.7	58800	65100	-9.7			
长沙	4500	5460	-17.6	4500	5460	-17.6			
广州	2212	2132	3.8	2212	2132	3.8			
深圳									
南宁									
海口									
重庆	450835	399003	13.0	450835	399003	13.0			
成都	9300	7200	29.2				9300	7200	29.2
贵阳	2800	2800		2800	2800				
昆明	38600	37200	3.8	37200	37200				
西安									
兰州	3157	2857	10.5	2700	1950	38.5	457	907	-49.6
西宁									
银川									
乌鲁木齐	1100	1100		1100	1100				

3—141　35城市限额以上连锁餐饮企业从业人员

（按业态分）

单位：人

城　　市	2003年	2002年	增减%	正餐			快餐		
				2003年	2002年	增减%	2003年	2002年	增减%
合　　计	**236037**	**380241**	**-37.9**	**147994**	**303277**	**-51.2**	**84019**	**73923**	**13.7**
北　　京	33531	29717	12.8	16491	13386	23.2	16218	15535	4.4
天　　津	4988	4619	8.0	1128	1547	-27.1	3085	2333	32.2
石 家 庄									
太　　原	1530	1610	-5.0	1200	1280	-6.3	330	330	
呼和浩特									
沈　　阳	15800	14800	6.8	7900	7100	11.3	7900	7700	2.6
大　　连	3183	3055	4.2	263	305	-13.8	2920	2750	6.2
长　　春	150	210	-28.6	150	210	-28.6			
哈 尔 滨	312	120	160.0	196			116	120	-3.3
上　　海	21992	20261	8.5	19404	17682	9.7	2588	2579	0.3
南　　京	7860	6145	27.9				7860	6145	27.9
杭　　州	10458	7932	31.8	1101	1146	-3.9	9357	6786	37.9
宁　　波	14059	14030	0.2	13978	13954	0.2	81	76	6.6
合　　肥	2204	2197	0.3	1513	1472	2.8	691	725	-4.7
福　　州	515	515					515	515	
厦　　门	3033	1986	52.7	537	537		1706	1064	60.3
南　　昌	2733	3051	-10.4	2401	2601	-7.7	332	450	-26.2
济　　南	832	739	12.6				832	739	12.6
青　　岛	1250	1317	-5.1	177	222	-20.3	1073	1095	-2.0
郑　　州									
武　　汉	16282	16976	-4.1	10976	12574	-12.7	5306	4402	20.5
长　　沙	2504	2044	22.5	260	265	-1.9	2244	1779	26.1
广　　州	15564	14814	5.1	5618	5557	1.1	9946	9257	7.4
深　　圳	7055	5978	18.0				7055	5978	18.0
南　　宁									
海　　口	50	50		50	50				
重　　庆	56383	214816	-73.8	56383	214816	-73.8			
成　　都	3367	3087	9.1				3367	3087	9.1
贵　　阳	1278	1277	0.1	1278	1277	0.1			
昆　　明	4726	4931	-4.2	4316	4540	-4.9			
西　　安	1716	1259	36.3	635	659	-3.6			
兰　　州	1557	1550	0.5	1477	1450	1.9	80	100	-20.0
西　　宁	457	517	-11.6	311	387	-19.6			
银　　川									
乌鲁木齐	668	638	4.7	251	260	-3.5	417	378	10.3

3—142　35城市限额以上直营连锁餐饮企业从业人员

（按业态分）

单位：人

城市	2003年	2002年	增减%	正餐			快餐		
				2003年	2002年	增减%	2003年	2002年	增减%
合计	**162864**	**146039**	**11.5**	**76856**	**70532**	**9.0**	**82114**	**72509**	**13.2**
北京	30175	26472	14.0	13180	10254	28.5	16173	15422	4.9
天津	4271	4281	-0.2	1002	1398	-28.3	2545	2187	16.4
石家庄									
太原	1530	1610	-5.0	1200	1280	-6.3	330	330	
呼和浩特									
沈阳	9500	9160	3.7	1600	1460	9.6	7900	7700	2.6
大连	3183	3055	4.2	263	305	-13.8	2920	2750	6.2
长春	150	210	-28.6	150	210	-28.6			
哈尔滨	249	120	107.5	133			116	120	-3.3
上海	21982	20251	8.5	19394	17672	9.7	2588	2579	0.3
南京	7700	5920	30.1				7700	5920	30.1
杭州	10458	7932	31.8	1101	1146	-3.9	9357	6786	37.9
宁波	10305	10280	0.2	10224	10204	0.2	81	76	6.6
合肥	2204	2197	0.3	1513	1472	2.8	691	725	-4.7
福州	515	515					515	515	
厦门	2963	1986	49.2	537	537		1636	1064	53.8
南昌	2418	2701	-10.5	2201	2401	-8.3	217	300	-27.7
济南	832	739	12.6				832	739	12.6
青岛	1250	1317	-5.1	177	222	-20.3	1073	1095	-2.0
郑州									
武汉	11997	11026	8.8	6691	6624	1.0	5306	4402	20.5
长沙	2329	1879	23.9	85	100	-15.0	2244	1779	26.1
广州	15112	14395	5.0	5166	5138	0.5	9946	9257	7.4
深圳	7055	5978	18.0				7055	5978	18.0
南宁									
海口	50	50		50	50				
重庆	8775	6433	36.4	8775	6433	36.4			
成都	2437	2367	3.0				2437	2367	3.0
贵阳	1008	992	1.6	1008	992	1.6			
昆明	628	709	-11.4	297	318	-6.6			
西安	1716	1259	36.3	635	659	-3.6			
兰州	997	1100	-9.4	962	1060	-9.2	35	40	-12.5
西宁	457	517	-11.6	311	387	-19.6			
银川									
乌鲁木齐	618	588	5.1	201	210	-4.3	417	378	10.3

3—143　35城市限额以上加盟连锁餐饮企业从业人员

（按业态分）

单位：人

城市	2003年	2002年	增减%	正餐			快餐		
				2003年	2002年	增减%	2003年	2002年	增减%
合计	73173	234202	-68.8	71138	232745	-69.4	1905	1414	34.7
北京	3356	3245	3.4	3311	3132	5.7	45	113	-60.2
天津	717	338	112.1	126	149	-15.4	540	146	269.9
石家庄									
太原									
呼和浩特									
沈阳	6300	5640	11.7	6300	5640	11.7			
大连									
长春									
哈尔滨	63			63					
上海	10	10		10	10				
南京	160	225	-28.9				160	225	-28.9
杭州									
宁波	3754	3750	0.1	3754	3750	0.1			
合肥									
福州									
厦门	70						70		
南昌	315	350	-10.0	200	200		115	150	-23.3
济南									
青岛									
郑州									
武汉	4285	5950	-28.0	4285	5950	-28.0			
长沙	175	165	6.1	175	165	6.1			
广州	452	419	7.9	452	419	7.9			
深圳									
南宁									
海口									
重庆	47608	208383	-77.2	47608	208383	-77.2			
成都	930	720	29.2				930	720	29.2
贵阳	270	285	-5.3	270	285	-5.3			
昆明	4098	4222	-2.9	4019	4222	-4.8			
西安									
兰州	560	450	24.4	515	390	32.1	45	60	-25.0
西宁									
银川									
乌鲁木齐	50	50		50	50				

3—144 35城市限额以上连锁餐饮企业营业收入

（按业态分）

单位：万元

城市	2003年	2002年	增减%	正餐			快餐		
				2003年	2002年	增减%	2003年	2002年	增减%
合计	**2030691**	**1726084**	**17.6**	**975350**	**801482**	**21.7**	**994986**	**866856**	**14.8**
北京	388992	367599	5.8	169582	148606	14.1	209701	209810	-0.1
天津	180701	157303	14.9	20844	16599	25.6	125045	101673	23.0
石家庄									
太原	16334	15565	4.9	10396	11338	-8.3	5938	4227	40.5
呼和浩特									
沈阳	105928	99724	6.2	81311	76361	6.5	24617	23363	5.4
大连	17152	12374	38.6	1970	1836	7.3	15182	10538	44.1
长春	1459	1537	-5.1	1459	1537	-5.1			
哈尔滨	3750	2915	28.6	3308	2557	29.4	442	358	23.5
上海	257847	217289	18.7	225854	190889	18.3	31992	26401	21.2
南京	72269	62548	15.5				72269	62548	15.5
杭州	144100	106478	35.3	16236	15489	4.8	127864	90989	40.5
宁波	26332	21709	21.3	25778	21524	19.8	553	185	198.9
合肥	17046	16471	3.5	10923	10200	7.1	6123	6271	-2.4
福州	14168	14143	0.2				14168	14143	0.2
厦门	44737	38622	15.8	3735	4671	-20.0	33542	31953	5.0
南昌	13953	11236	24.2	13297	10824	22.8	656	412	59.2
济南	3871	3219	20.3				3871	3219	20.3
青岛	26528	19985	32.7	1499	1870	-19.8	25029	18115	38.2
郑州									
武汉	140403	131085	7.1	87708	85895	2.1	52695	45190	16.6
长沙	18805	14801	27.1	2060	2080	-1.0	16745	12721	31.6
广州	163367	158222	3.3	55532	60037	-7.5	107835	98185	9.8
深圳	74799	65760	13.7				74799	65760	13.7
南宁									
海口	222	222		222	222				
重庆	203324	96815	110.0	203324	96815	110.0			
成都	42212	37122	13.7				42212	37122	13.7
贵阳	10595	9143	15.9	10595	9143	15.9			
昆明	17182	21378	-19.6	14895	19167	-22.3			
西安	9569	8010	19.5	3826	3237	18.2			
兰州	9384	8679	8.1	8868	8146	8.9	517	534	-3.2
西宁	1324	1982	-33.2	980	1432	-31.6			
银川									
乌鲁木齐	4342	4151	4.6	1150	1010	13.9	3192	3141	1.6

3—145　35城市限额以上直营连锁餐饮企业营业收入

（按业态分）

单位：万元

城　市	2003年	2002年	增减%	正餐			快餐		
				2003年	2002年	增减%	2003年	2002年	增减%
合　计	**1687830**	**1495272**	**12.9**	**669073**	**605537**	**10.5**	**973724**	**851722**	**14.3**
北　京	365938	343047	6.7	146750	125417	17.0	209479	208448	0.5
天　津	152074	130773	16.3	16014	13361	19.9	116550	98113	18.8
石家庄									
太　原	16334	15565	4.9	10396	11338	-8.3	5938	4227	40.5
呼和浩特									
沈　阳	54732	54540	0.4	30115	31177	-3.4	24617	23363	5.4
大　连	17152	12374	38.6	1970	1836	7.3	15182	10538	44.1
长　春	1459	1537	-5.1	1459	1537	-5.1			
哈尔滨	2405	1910	25.9	1963	1552	26.5	442	358	23.5
上　海	257571	217055	18.7	225578	190655	18.3	31992	26401	21.2
南　京	71764	62056	15.6				71764	62056	15.6
杭　州	144100	106478	35.3	16236	15489	4.8	127864	90989	40.5
宁　波	22692	18496	22.7	22138	18311	20.9	553	185	198.9
合　肥	17046	16471	3.5	10923	10200	7.1	6123	6271	-2.4
福　州	14168	14143	0.2				14168	14143	0.2
厦　门	44247	38561	14.7	3665	4610	-20.5	33122	31953	3.7
南　昌	12232	9523	28.4	11778	9224	27.7	454	299	51.8
济　南	3871	3219	20.3				3871	3219	20.3
青　岛	26528	19985	32.7	1499	1870	-19.8	25029	18115	38.2
郑　州									
武　汉	110841	103803	6.8	58146	58613	-0.8	52695	45190	16.6
长　沙	17853	13693	30.4	1108	972	14.0	16745	12721	31.6
广　州	158111	153353	3.1	50276	55168	-8.9	107835	98185	9.8
深　圳	74799	65760	13.7				74799	65760	13.7
南　宁									
海　口	222	222		222	222				
重　庆	35384	32505	8.9	35384	32505	8.9			
成　都	30908	27591	12.0				30908	27591	12.0
贵　阳	9975	8583	16.2	9975	8583	16.2			
昆　明	3529	3605	-2.1	1262	1394	-9.5			
西　安	9569	8010	19.5	3826	3237	18.2			
兰　州	6949	6640	4.7	6548	6184	5.9	402	457	-12.0
西　宁	1324	1982	-33.2	980	1432	-31.6			
银　川									
乌鲁木齐	4056	3793	6.9	864	652	32.5	3192	3141	1.6

3—146　35城市限额以上加盟连锁餐饮企业营业收入

（按业态分）

单位：万元

城市	2003年	2002年	增减%	正餐			快餐		
				2003年	2002年	增减%	2003年	2002年	增减%
合　计	**342861**	**230812**	**48.5**	**306277**	**195945**	**56.3**	**21262**	**15134**	**40.5**
北　京	23054	24552	-6.1	22832	23189	-1.5	222	1362	-83.7
天　津	28627	26530	7.9	4830	3238	49.2	8495	3560	138.6
石家庄									
太　原									
呼和浩特									
沈　阳	51196	45184	13.3	51196	45184	13.3			
大　连									
长　春									
哈尔滨	1345	1005	33.8	1345	1005	33.8			
上　海	276	234	17.9	276	234	17.9			
南　京	505	492	2.6				505	492	2.6
杭　州									
宁　波	3640	3213	13.3	3640	3213	13.3			
合　肥									
福　州									
厦　门	490	61	703.3	70	61	14.8	420		
南　昌	1721	1713	0.5	1519	1600	-5.1	202	113	78.8
济　南									
青　岛									
郑　州									
武　汉	29562	27282	8.4	29562	27282	8.4			
长　沙	952	1108	-14.1	952	1108	-14.1			
广　州	5256	4869	7.9	5256	4869	7.9			
深　圳									
南　宁									
海　口									
重　庆	167940	64310	161.1	167940	64310	161.1			
成　都	11304	9531	18.6				11304	9531	18.6
贵　阳	620	560	10.7	620	560	10.7			
昆　明	13653	17773	-23.2	13633	17773	-23.3			
西　安									
兰　州	2435	2039	19.4	2320	1962	18.2	115	77	49.4
西　宁									
银　川									
乌鲁木齐	286	358	-20.1	286	358	-20.1			

3—147 35城市限额以上连锁餐饮企业零售额

（按业态分）

单位：万元

城市	2003年	2002年	增减%	正餐			快餐		
				2003年	2002年	增减%	2003年	2002年	增减%
合计	**1946464**	**1656755**	**17.5**	**918778**	**753415**	**21.9**	**982045**	**859349**	**14.3**
北京	386044	365123	5.7	168460	148280	13.6	207875	207659	0.1
天津	161932	143282	13.0	20248	16567	22.2	121449	101439	19.7
石家庄									
太原	16334	15565	4.9	10396	11338	-8.3	5938	4227	40.5
呼和浩特									
沈阳	105928	99724	6.2	81311	76361	6.5	24617	23363	5.4
大连	10290	8005	28.5	1970	1836	7.3	8320	6168	34.9
长春	1459	1537	-5.1	1459	1537	-5.1			
哈尔滨	1968	1286	53.0	1527	928	64.5	442	358	23.5
上海	210321	176741	19.0	178328	150340	18.6	31992	26401	21.2
南京	72269	62548	15.5				72269	62548	15.5
杭州	144100	106478	35.3	16236	15489	4.8	127864	90989	40.5
宁波	26332	21709	21.3	25778	21524	19.8	553	185	198.9
合肥	15362	15069	1.9	9239	8798	5.0	6123	6271	-2.4
福州	14168	14143	0.2				14168	14143	0.2
厦门	43426	36806	18.0	2560	2856	-10.4	33542	31953	5.0
南昌	13953	11236	24.2	13297	10824	22.8	656	412	59.2
济南	3871	3219	20.3				3871	3219	20.3
青岛	26528	19985	32.7	1499	1870	-19.8	25029	18115	38.2
郑州									
武汉	138434	129409	7.0	85739	84219	1.8	52695	45190	16.6
长沙	18805	14801	27.1	2060	2080	-1.0	16745	12721	31.6
广州	163367	158222	3.3	55532	60037	-7.5	107835	98185	9.8
深圳	74143	65007	14.1				74143	65007	14.1
南宁									
海口	222	222		222	222				
重庆	203130	96679	110.1	203130	96679	110.1			
成都	42212	37122	13.7				42212	37122	13.7
贵阳	10589	9073	16.7	10589	9073	16.7			
昆明	17182	21378	-19.6	14895	19167	-22.3			
西安	9052	7577	19.5	3309	2804	18.0			
兰州	9384	8679	8.1	8868	8146	8.9	517	534	-3.2
西宁	1324	1982	-33.2	980	1432	-31.6			
银川									
乌鲁木齐	4342	4151	4.6	1150	1010	13.9	3192	3141	1.6

3—148 35城市限额以上直营连锁餐饮企业零售额

（按业态分）

单位：万元

城市	2003年	2002年	增减%	正餐			快餐		
				2003年	2002年	增减%	2003年	2002年	增减%
合计	**1609666**	**1432317**	**12.4**	**613227**	**558188**	**9.9**	**960783**	**844215**	**13.8**
北京	362990	340571	6.6	145628	125091	16.4	207653	206297	0.7
天津	138641	122408	13.3	15418	13329	15.7	112954	97879	15.4
石家庄									
太原	16334	15565	4.9	10396	11338	-8.3	5938	4227	40.5
呼和浩特									
沈阳	54732	54540	0.4	30115	31177	-3.4	24617	23363	5.4
大连	10290	8005	28.5	1970	1836	7.3	8320	6168	34.9
长春	1459	1537	-5.1	1459	1537	-5.1			
哈尔滨	1349	1000	34.9	908	642	41.4	442	358	23.5
上海	210045	176507	19.0	178052	150106	18.6	31992	26401	21.2
南京	71764	62056	15.6				71764	62056	15.6
杭州	144100	106478	35.3	16236	15489	4.8	127864	90989	40.5
宁波	22692	18496	22.7	22138	18311	20.9	553	185	198.9
合肥	15362	15069	1.9	9239	8798	5.0	6123	6271	-2.4
福州	14168	14143	0.2				14168	14143	0.2
厦门	42936	36745	16.8	2490	2795	-10.9	33122	31953	3.7
南昌	12232	9523	28.4	11778	9224	27.7	454	299	51.8
济南	3871	3219	20.3				3871	3219	20.3
青岛	26528	19985	32.7	1499	1870	-19.8	25029	18115	38.2
郑州									
武汉	108872	102127	6.6	56177	56937	-1.3	52695	45190	16.6
长沙	17853	13693	30.4	1108	972	14.0	16745	12721	31.6
广州	158111	153353	3.1	50276	55168	-8.9	107835	98185	9.8
深圳	74143	65007	14.1				74143	65007	14.1
南宁									
海口	222	222		222	222				
重庆	35190	32369	8.7	35190	32369	8.7			
成都	30908	27591	12.0				30908	27591	12.0
贵阳	9969	8513	17.1	9969	8513	17.1			
昆明	3529	3605	-2.1	1262	1394	-9.5			
西安	9052	7577	19.5	3309	2804	18.0			
兰州	6949	6640	4.7	6548	6184	5.9	402	457	-12.0
西宁	1324	1982	-33.2	980	1432	-31.6			
银川									
乌鲁木齐	4056	3793	6.9	864	652	32.5	3192	3141	1.6

3—149 35城市限额以上加盟连锁餐饮企业零售额

（按业态分）

单位：万元

城市	2003年	2002年	增减%	正餐			快餐		
				2003年	2002年	增减%	2003年	2002年	增减%
合计	**336798**	**224438**	**50.1**	**305551**	**195227**	**56.5**	**21262**	**15134**	**40.5**
北京	23054	24552	-6.1	22832	23189	-1.5	222	1362	-83.7
天津	23291	20874	11.6	4830	3238	49.2	8495	3560	138.6
石家庄									
太原									
呼和浩特									
沈阳	51196	45184	13.3	51196	45184	13.3			
大连									
长春									
哈尔滨	619	286	116.4	619	286	116.4			
上海	276	234	17.9	276	234	17.9			
南京	505	492	2.6				505	492	2.6
杭州									
宁波	3640	3213	13.3	3640	3213	13.3			
合肥									
福州									
厦门	490	61	703.3	70	61	14.8	420		
南昌	1721	1713	0.5	1519	1600	-5.1	202	113	78.8
济南									
青岛									
郑州									
武汉	29562	27282	8.4	29562	27282	8.4			
长沙	952	1108	-14.1	952	1108	-14.1			
广州	5256	4869	7.9	5256	4869	7.9			
深圳									
南宁									
海口									
重庆	167940	64310	161.1	167940	64310	161.1			
成都	11304	9531	18.6				11304	9531	18.6
贵阳	620	560	10.7	620	560	10.7			
昆明	13653	17773	-23.2	13633	17773	-23.3			
西安									
兰州	2435	2039	19.4	2320	1962	18.2	115	77	49.4
西宁									
银川									
乌鲁木齐	286	358	-20.1	286	358	-20.1			

3—150　35城市限额以上直营连锁餐饮企业统一配送比重

（按业态分）

单位：%

城　　市	2003年	2002年	正餐		快餐	
			2003年	2002年	2003年	2002年
合　　计	**74.2**	**70.8**	**54.6**	**54.0**	**90.3**	**85.0**
北　　京	77.2	81.1	56.9	65.2	94.2	93.3
天　　津	75.6	73.7	11.2	12.0	97.1	96.6
石 家 庄						
太　　原	100.0	100.0	100.0	100.0	100.0	100.0
呼和浩特						
沈　　阳						
大　　连	100.0	100.0	100.0	100.0	100.0	100.0
长　　春						
哈 尔 滨	23.7		29.0			
上　　海	82.5	80.6	80.0	77.9	100.0	100.0
南　　京	99.4	99.1			99.4	99.1
杭　　州	100.0	100.0	100.0	100.0	100.0	100.0
宁　　波	64.5	62.9	66.1	63.6		
合　　肥	54.8	52.1	57.5	53.5	50.0	50.0
福　　州	100.0	100.0			100.0	100.0
厦　　门	25.1	48.6	9.1	7.6	31.7	57.6
南　　昌						
济　　南	100.0	100.0			100.0	100.0
青　　岛	85.3	77.9	34.1	34.0	88.4	82.5
郑　　州						
武　　汉	28.7	24.2	2.4	2.2	57.7	52.8
长　　沙	97.5	97.2	60.0	60.0	100.0	100.0
广　　州	74.7	43.7	23.2	23.3	98.7	55.1
深　　圳	99.8	99.8			99.8	99.8
南　　宁						
海　　口	100.0	100.0	100.0	100.0		
重　　庆	66.1	71.1	66.1	71.1		
成　　都	99.6	99.6			99.6	99.6
贵　　阳						
昆　　明	87.2	79.3	100.0	100.0		
西　　安	77.3	79.8	77.4	79.6		
兰　　州	92.8	92.8	92.3	92.2	100.0	100.0
西　　宁	18.2	16.7				
银　　川						
乌鲁木齐	97.5	97.5	100.0	100.0	96.8	97.0

3—151　35城市限额以上直营连锁餐饮企业自有配送比重

（按业态分）

单位：%

城市	2003年	2002年	正餐		快餐	
			2003年	2002年	2003年	2002年
合计	**50.0**	**48.0**	**43.9**	**44.0**	**55.9**	**52.3**
北京	44.4	48.2	30.9	43.3	55.2	52.3
天津	55.6	47.2	6.1	6.5	71.6	62.0
石家庄						
太原	100.0	100.0	100.0	100.0	100.0	100.0
呼和浩特						
沈阳						
大连	71.0	63.8	100.0	100.0	67.2	57.5
长春						
哈尔滨	23.7		29.0			
上海	68.8	66.7	78.6	76.0		
南京	72.2	69.7			72.2	69.7
杭州	83.5	81.2	50.5	45.5	87.7	87.3
宁波	64.5	62.9	66.1	63.6		
合肥	18.2	16.9	28.4	27.3		
福州	100.0	100.0			100.0	100.0
厦门	25.1	48.6	9.1	7.6	31.7	57.6
南昌						
济南						
青岛	85.3	77.9	34.1	34.0	88.4	82.5
郑州						
武汉	28.7	24.2	2.4	2.2	57.7	52.8
长沙	97.5	97.2	60.0	60.0	100.0	100.0
广州	26.1	22.2	14.7	15.1	31.4	26.1
深圳	20.7	20.8			20.7	20.8
南宁						
海口						
重庆	42.6	45.9	42.6	45.9		
成都	60.9	58.2			60.9	58.2
贵阳						
昆明	87.2	79.3	100.0	100.0		
西安	54.1	56.0	77.4	79.6		
兰州	20.1	21.2	21.3	22.7		
西宁	18.2	16.7				
银川						
乌鲁木齐	88.9	89.6	59.7	53.6	96.8	97.0

3-152 35城市限额以上直营连锁餐饮企业非自有配送比重

（按业态分）

单位：%

城市	2003年	2002年	正餐		快餐	
			2003年	2002年	2003年	2002年
合计	**24.1**	**22.7**	**10.4**	**9.7**	**34.4**	**32.7**
北京	32.8	32.9	26.0	21.9	39.0	40.9
天津	20.1	26.5	5.0	5.4	25.5	34.5
石家庄						
太原						
呼和浩特						
沈阳						
大连	29.0	36.2			32.8	42.5
长春						
哈尔滨						
上海	13.7	13.9	1.4	1.9	100.0	100.0
南京	27.1	29.4			27.1	29.4
杭州	16.5	18.8	49.5	54.5	12.3	12.7
宁波						
合肥	36.6	35.2	29.1	26.1	50.0	50.0
福州						
厦门						
南昌						
济南	100.0	100.0			100.0	100.0
青岛						
郑州						
武汉						
长沙						
广州	48.6	21.5	8.5	8.3	67.3	29.0
深圳	79.1	79.0			79.1	79.0
南宁						
海口						
重庆	19.7	19.9	19.7	19.9		
成都	38.8	41.4			38.8	41.4
贵阳						
昆明						
西安	23.2	23.8				
兰州	72.5	71.6	70.8	69.5	100.0	100.0
西宁						
银川						
乌鲁木齐	8.6	8.0	40.3	46.4		

3-153　35城市限额以上加盟连锁餐饮企业统一配送比重

（按业态分）

单位：%

城市	2003年	2002年	正餐		快餐	
			2003年	2002年	2003年	2002年
合计	**25.4**	**17.1**	**25.4**	**16.1**	**44.7**	**52.0**
北京	1.3	0.7	1.3	0.7		
天津						
石家庄						
太原						
呼和浩特						
沈阳						
大连						
长春						
哈尔滨	21.0		21.0			
上海						
南京	29.5	34.7			29.5	34.7
杭州						
宁波						
合肥						
福州						
厦门	38.1				44.5	
南昌						
济南						
青岛						
郑州						
武汉						
长沙	60.0	60.0	60.0	60.0		
广州	19.7	19.7	19.7	19.7		
深圳						
南宁						
海口						
重庆	40.2	31.6	40.2	31.6		
成都	80.0	80.0			80.0	80.0
贵阳						
昆明	40.0	40.0	40.0	40.0		
西安						
兰州	97.9	100.0	97.8	100.0	100.0	100.0
西宁						
银川						
乌鲁木齐	100.0	100.0	100.0	100.0		

3-154 35城市限额以上加盟连锁餐饮企业自有配送比重

（按业态分）

单位：%

城　市	2003年	2002年	正餐		快餐	
			2003年	2002年	2003年	2002年
合　计	**20.8**	**12.4**	**21.7**	**12.6**	**22.8**	**26.3**
北　京	1.3	0.7	1.3	0.7		
天　津						
石家庄						
太　原						
呼和浩特						
沈　阳						
大　连						
长　春						
哈尔滨	21.0		21.0			
上　海						
南　京	29.5	34.7			29.5	34.7
杭　州						
宁　波						
合　肥						
福　州						
厦　门	38.1				44.5	
南　昌						
济　南						
青　岛						
郑　州						
武　汉						
长　沙	60.0	60.0	60.0	60.0		
广　州	3.2	3.5	3.2	3.5		
深　圳						
南　宁						
海　口						
重　庆	34.4	23.2	34.4	23.2		
成　都	40.0	40.0			40.0	40.0
贵　阳						
昆　明	40.0	40.0	40.0	40.0		
西　安						
兰　州	74.6	77.0	78.3	80.0		
西　宁						
银　川						
乌鲁木齐	10.0	10.0	10.0	10.0		

3-155　35城市限额以上加盟连锁餐饮企业非自有配送比重

（按业态分）

单位：%

城　市	2003年	2002年	正餐		快餐	
			2003年	2002年	2003年	2002年
合　计	3.6	3.4	2.5	2.0	21.8	25.7
北　京						
天　津						
石家庄						
太　原						
呼和浩特						
沈　阳						
大　连						
长　春						
哈尔滨						
上　海						
南　京						
杭　州						
宁　波						
合　肥						
福　州						
厦　门						
南　昌						
济　南						
青　岛						
郑　州						
武　汉						
长　沙						
广　州	16.5	16.2	16.5	16.2		
深　圳						
南　宁						
海　口						
重　庆	3.6	3.9	3.6	3.9		
成　都	40.0	40.0			40.0	40.0
贵　阳						
昆　明						
西　安						
兰　州	23.4	23.0	19.6	20.0	100.0	100.0
西　宁						
银　川						
乌鲁木齐	90.0	90.0	90.0	90.0		

3—156 35城市限额以上连锁餐饮企业利润总额

（按业态分）

单位：万元

城市	2003年	2002年	增减%	正餐			快餐		
				2003年	2002年	增减%	2003年	2002年	增减%
合计	**134625**	**100188**	**34.4**	**47207**	**48165**	**-2.0**	**85866**	**50851**	**68.9**
北京	25439	23727	7.2	7351	9326	-21.2	18113	14605	24.0
天津	15134	8726	73.4	187	311	-39.9	13575	7215	88.1
石家庄									
太原	2399	3649	-34.3	1274	2737	-53.5	1125	912	23.4
呼和浩特									
沈阳	16553	16273	1.7	7390	7874	-6.1	9163	8398	9.1
大连	1317	51	2482.4	-132	-212	-37.7	1449	263	451.0
长春	42	106	-60.4	42	106	-60.4			
哈尔滨	-238	-273	-12.8	-245	-277	-11.6	7	4	75.0
上海	21969	12766	72.1	23724	15251	55.6	-1755	-2485	-29.4
南京	6063	930	551.9				6063	930	551.9
杭州	23779	15527	53.1	1420	1624	-12.6	22359	13903	60.8
宁波	1233	667	84.9	1246	686	81.6	-13	-19	-31.6
合肥	-464	-739	-37.2	86	-241	-135.7	-550	-498	10.4
福州	-4424	-2338	89.2				-4424	-2338	89.2
厦门	563	257	119.1	-132	101	-230.7	876	293	199.0
南昌	2491	2158	15.4	2417	2125	13.7	74	33	124.2
济南	-196	-684	-71.3				-196	-684	-71.3
青岛	4268	2862	49.1	36	51	-29.4	4232	2811	50.6
郑州									
武汉	275	707	-61.1	-975	-359	171.6	1249	1065	17.3
长沙	3024	1907	58.6	2	2		3022	1905	58.6
广州	7202	4051	77.8	1108	2161	-48.7	6094	1890	222.4
深圳	4465	3074	45.3				4465	3074	45.3
南宁									
海口	9	9		9	9				
重庆	1866	6425	-71.0	1866	6425	-71.0			
成都	1043	-410	-354.4				1043	-410	-354.4
贵阳	159	101	57.4	159	101	57.4			
昆明	406	418	-2.9	121	170	-28.8			
西安	599	536	11.8	522	484	7.9			
兰州	-189	-309	-38.8	-146	-255	-42.7	-44	-54	-18.5
西宁	-90	-12	650.0	-113	-24	370.8			
银川									
乌鲁木齐	-73	30	-343.3	-11	-10	10.0	-63	40	-257.5

3—157　35城市限额以上连锁餐饮企业资产总额

（按业态分）

单位：万元

城　市	2003年	2002年	增减%	正餐			快餐		
				2003年	2002年	增减%	2003年	2002年	增减%
合　计	**1127251**	**1073400**	**5.0**	**453687**	**433305**	**4.7**	**632377**	**606951**	**4.2**
北　京	237879	233045	2.1	112037	109918	1.9	117324	114045	2.9
天　津	88319	86011	2.7	16773	17538	-4.4	52814	50859	3.8
石家庄									
太　原	22789	19754	15.4	17248	15449	11.6	5541	4305	28.7
呼和浩特									
沈　阳	50217	50181	0.1	10342	10320	0.2	39875	39861	0.0
大　连	17421	16833	3.5	1968	2764	-28.8	15453	14069	9.8
长　春	2155	2105	2.4	2155	2105	2.4			
哈尔滨	-17	1710	-101.0	-302	1404	-121.5	285	307	-7.2
上　海	135502	138239	-2.0	112776	115414	-2.3	22727	22826	-0.4
南　京	39067	40859	-4.4				39067	40859	-4.4
杭　州	68965	57339	20.3	9912	8555	15.9	59054	48784	21.1
宁　波	30907	32633	-5.3	30737	32490	-5.4	170	143	18.9
合　肥	10040	9190	9.2	5237	4258	23.0	4803	4932	-2.6
福　州	16862	17468	-3.5				16862	17468	-3.5
厦　门	22622	24237	-6.7	1934	1672	15.7	18378	21837	-15.8
南　昌	6102	4624	32.0	5967	4494	32.8	135	129	4.7
济　南	4024	3700	8.8				4024	3700	8.8
青　岛	24327	21945	10.9	1130	1309	-13.7	23197	20636	12.4
郑　州									
武　汉	82621	66792	23.7	50208	36985	35.8	32413	29808	8.7
长　沙	18522	14118	31.2	400	200	100.0	18122	13918	30.2
广　州	110045	103467	6.4	38540	38323	0.6	71505	65144	9.8
深　圳	62368	66505	-6.2				62368	66505	-6.2
南　宁									
海　口	392	338	16.0	392	338	16.0			
重　庆	14939	9262	61.3	14939	9262	61.3			
成　都	20127	20292	-0.8				20127	20292	-0.8
贵　阳	9039	8585	5.3	9039	8585	5.3			
昆　明	1978	1672	18.3	757	748	1.2			
西　安	18187	12035	51.1	8103	7490	8.2			
兰　州	2846	3126	-9.0	2260	2415	-6.4	586	712	-17.7
西　宁	1209	1243	-2.7	887	990	-10.4			
银　川									
乌鲁木齐	7800	6094	28.0	251	280	-10.4	7549	5814	29.8

3—158 35 城市限额以上连锁餐饮企业负债总额

（按业态分）

单位：万元

城市	2003 年	2002 年	增减%	正餐			快餐		
				2003 年	2002 年	增减%	2003 年	2002 年	增减%
合计	**654704**	**618005**	**5.9**	**250789**	**221297**	**13.3**	**382025**	**379335**	**0.7**
北京	125685	127017	-1.0	54482	53205	2.4	66252	68472	-3.2
天津	43022	55255	-22.1	10985	11468	-4.2	22977	34829	-34.0
石家庄									
太原	15743	2855	451.4	14611	1538	850.0	1132	1318	-14.1
呼和浩特									
沈阳	28870	28103	2.7	9514	9372	1.5	19357	18732	3.3
大连	17397	16553	5.1	3396	4037	-15.9	14002	12517	11.9
长春	2101	2052	2.4	2101	2052	2.4			
哈尔滨	269	948	-71.6	68	730	-90.7	201	218	-7.8
上海	70772	78926	-10.3	51456	61267	-16.0	19316	17659	9.4
南京	27627	29718	-7.0				27627	29718	-7.0
杭州	42251	36460	15.9	4770	3999	19.3	37481	32461	15.5
宁波	23824	21310	11.8	23767	21301	11.6	57	9	533.3
合肥	8040	6515	23.4	3936	2850	38.1	4104	3666	11.9
福州	12155	7982	52.3				12155	7982	52.3
厦门	12413	12990	-4.4	564	623	-9.5	11117	12245	-9.2
南昌	2622	1211	116.5	2622	1211	116.5			
济南	2569	1852	38.7				2569	1852	38.7
青岛	11951	11161	7.1	485	572	-15.2	11465	10589	8.3
郑州									
武汉	63731	44723	42.5	35009	22090	58.5	28722	22633	26.9
长沙	10003	6671	49.9				10003	6671	49.9
广州	59273	56746	4.5	17309	14592	18.6	41964	42154	-0.5
深圳	35694	35333	1.0				35694	35333	1.0
南宁									
海口	33	41	-19.5	33	41	-19.5			
重庆	7219	3060	135.9	7219	3060	135.9			
成都	13443	18789	-28.5				13443	18789	-28.5
贵阳	3879	3576	8.5	3879	3576	8.5			
昆明	891	786	13.4	181	278	-34.9			
西安	8541	3854	121.6	2248	1513	48.6			
兰州	2205	2071	6.5	1349	1158	16.5	856	913	-6.2
西宁	733	639	14.7	590	534	10.5			
银川									
乌鲁木齐	1748	805	117.1	218	231	-5.6	1531	575	166.3

STATISTICAL YEARBOOK OF CHINA RESTAURANTS IN CHAIN

配送中心分布情况

4—1　各地区限额以上连锁餐饮企业配送中心数

（按业态分）

单位：个

地　区	2003年	2002年	增减%	正餐			快餐		
				2003年	2002年	增减%	2003年	2002年	增减%
全　国	**196**	**191**	**2.6**	**117**	**114**	**2.6**	**69**	**68**	**1.5**
北　京	27	27		17	17		9	9	
天　津	6	6		2	2		4	4	
河　北	1	1					1	1	
山　西	5	5		4	4		1	1	
内蒙古	24	24		24	24				
辽　宁	7	9	-22.2	3	5	-40.0	4	4	
吉　林									
黑龙江	1			1					
上　海	5	5		5	5				
江　苏	19	19		1	1		15	14	7.1
浙　江	12	12		6	6		5	5	
安　徽	7	7		6	6		1	1	
福　建	6	5	20.0	1	1		4	4	
江　西									
山　东	8	7	14.3	5	4	25.0	3	3	
河　南	3	3		3	3				
湖　北	9	9		8	8		1	1	
湖　南	5	5		3	3		2	2	
广　东	14	14		5	5		9	9	
广　西									
海　南									
重　庆	8	5	60.0	8	5	60.0			
四　川	7	7		2	2		5	5	
贵　州									
云　南	3	2	50.0	1	1				
西　藏									
陕　西	5	5		3	3		1	1	
甘　肃	4	4		3	3		1	1	
青　海	1	1							
宁　夏									
新　疆	9	9		6	6		3	3	

4—2 各地区限额以上连锁餐饮企业自有配送中心数

（按业态分）

单位：个

地区	2003年	2002年	增减%	正餐			快餐		
				2003年	2002年	增减%	2003年	2002年	增减%
全国	**133**	**132**	**0.8**	**76**	**77**	**-1.3**	**48**	**48**	
北京	14	15	-6.7	6	6		7	8	-12.5
天津	5	5		2	2		3	3	
河北	1	1					1	1	
山西	5	5		4	4		1	1	
内蒙古	4	4		4	4				
辽宁	6	8	-25.0	3	5	-40.0	3	3	
吉林									
黑龙江	1			1					
上海	5	5		5	5				
江苏	11	10	10.0	1	1		8	7	14.3
浙江	12	12		6	6		5	5	
安徽	5	5		5	5				
福建	6	5	20.0	1	1		4	4	
江西									
山东	6	6		4	4		2	2	
河南	3	3		3	3				
湖北	9	9		8	8		1	1	
湖南	3	3		1	1		2	2	
广东	10	10		5	5		5	5	
广西									
海南									
重庆	4	4		4	4				
四川	4	4		2	2		2	2	
贵州									
云南	3	2	50.0	1	1				
西藏									
陕西	5	5		3	3		1	1	
甘肃	3	3		3	3				
青海	1	1							
宁夏									
新疆	7	7		4	4		3	3	

4—3　各地区限额以上连锁餐饮企业非自有配送中心数

（按业态分）

单位：个

地　区	2003 年	2002 年	增减%	正餐			快餐		
				2003 年	2002 年	增减%	2003 年	2002 年	增减%
全　国	**63**	**59**	**6.8**	**41**	**37**	**10.8**	**21**	**20**	**5.0**
北　京	13	12	8.3	11	11		2	1	100.0
天　津	1	1					1	1	
河　北									
山　西									
内蒙古	20	20		20	20				
辽　宁	1	1					1	1	
吉　林									
黑龙江									
上　海									
江　苏	8	9	-11.1				7	7	
浙　江									
安　徽	2	2		1	1		1	1	
福　建									
江　西									
山　东	2	1	100.0	1			1	1	
河　南									
湖　北									
湖　南	2	2		2	2				
广　东	4	4					4	4	
广　西									
海　南									
重　庆	4	1	300.0	4	1	300.0			
四　川	3	3					3	3	
贵　州									
云　南									
西　藏									
陕　西									
甘　肃	1	1					1	1	
青　海									
宁　夏									
新　疆	2	2		2	2				

4—4 各地区限额以上连锁餐饮企业配送中心数

（按登记注册类型分）

单位：个

地区	合计			自有			非自有		
	2003年	2002年	增减%	2003年	2002年	增减%	2003年	2002年	增减%
全国	**196**	**191**	**2.6**	**133**	**132**	**0.8**	**63**	**59**	**6.8**
北京	27	27		14	15	-6.7	13	12	8.3
天津	6	6		5	5		1	1	
河北	1	1		1	1				
山西	5	5		5	5				
内蒙古	24	24		4	4		20	20	
辽宁	7	9	-22.2	6	8	-25.0	1	1	
吉林									
黑龙江	1			1					
上海	5	5		5	5				
江苏	19	19		11	10	10.0	8	9	-11.1
浙江	12	12		12	12				
安徽	7	7		5	5		2	2	
福建	6	5	20.0	6	5	20.0			
江西									
山东	8	7	14.3	6	6		2	1	100.0
河南	3	3		3	3				
湖北	9	9		9	9				
湖南	5	5		3	3		2	2	
广东	14	14		10	10		4	4	
广西									
海南									
重庆	8	5	60.0	4	4		4	1	300.0
四川	7	7		4	4		3	3	
贵州									
云南	3	2	50.0	3	2	50.0			
西藏									
陕西	5	5		5	5				
甘肃	4	4		3	3		1	1	
青海	1	1		1	1				
宁夏									
新疆	9	9		7	7		2	2	

4—5 各地区限额以上连锁餐饮业内资企业配送中心数

（按登记注册类型分）

单位：个

地区	合计			自有			非自有		
	2003年	2002年	增减%	2003年	2002年	增减%	2003年	2002年	增减%
全国	**138**	**134**	**3.0**	**101**	**100**	**1.0**	**37**	**34**	**8.8**
北京	16	15	6.7	11	10	10.0	5	5	
天津	3	3		3	3				
河北	1	1		1	1				
山西	5	5		5	5				
内蒙古	9	9		1	1		8	8	
辽宁	3	5	-40.0	3	5	-40.0			
吉林									
黑龙江	1			1					
上海	7	7		3	3		4	4	
江苏	14	15	-6.7	7	7		7	8	-12.5
浙江	10	10		10	10				
安徽	6	6		5	5		1	1	
福建									
江西									
山东	7	6	16.7	5	5		2	1	100.0
河南	4	3	33.3	3	3		1		
湖北	8	8		8	8				
湖南	3	3		1	1		2	2	
广东	8	8		8	8				
广西									
海南									
重庆	4	3	33.3	3	3		1		
四川	4	3	33.3	3	3		1		
贵州									
云南	3	2	50.0	3	2	50.0			
西藏									
陕西	9	9		6	6		3	3	
甘肃	3	3		3	3				
青海	1	1		1	1				
宁夏									
新疆	9	9		7	7		2	2	

4—6 各地区限额以上连锁餐饮业港澳台商投资企业配送中心数

（按登记注册类型分）

单位：个

地区	合计			自有			非自有		
	2003年	2002年	增减%	2003年	2002年	增减%	2003年	2002年	增减%
全国	**23**	**22**	**4.5**	**10**	**9**	**11.1**	**13**	**13**	
北京	9	9		1	1		8	8	
天津	1	1		1	1				
河北									
山西									
内蒙古									
辽宁	2	2		2	2				
吉林									
黑龙江									
上海	2	2		2	2				
江苏									
浙江									
安徽									
福建	3	2	50.0	3	2	50.0			
江西									
山东									
河南									
湖北									
湖南									
广东	5	5		1	1		4	4	
广西									
海南									
重庆									
四川	1	1					1	1	
贵州									
云南									
西藏									
陕西									
甘肃									
青海									
宁夏									
新疆									

4—7 各地区限额以上连锁餐饮业外商投资企业配送中心数

（按登记注册类型分）

单位：个

地 区	合 计			自 有			非 自 有		
	2003 年	2002 年	增减%	2003 年	2002 年	增减%	2003 年	2002 年	增减%
全 国	**35**	**35**		**22**	**23**	**-4.3**	**13**	**12**	**8.3**
北 京	6	7	-14.3	4	5	-20.0	2	2	
天 津	2	2		1	1		1	1	
河 北									
山 西									
内蒙古									
辽 宁	2	2		1	1		1	1	
吉 林									
黑龙江									
上 海	3	2	50.0	1	1		2	1	100.0
江 苏	3	3		3	3				
浙 江	2	2		2	2				
安 徽	1	1					1	1	
福 建	3	3		3	3				
江 西									
山 东	2	2		1	1		1	1	
河 南									
湖 北	1	1		1	1				
湖 南	2	2		2	2				
广 东	3	3		1	1		2	2	
广 西									
海 南									
重 庆									
四 川	4	4		2	2		2	2	
贵 州									
云 南									
西 藏									
陕 西									
甘 肃	1	1					1	1	
青 海									
宁 夏									
新 疆									

4—8 东中西部限额以上连锁餐饮企业配送中心数

（按业态分）

单位：个

地 区	2003 年	2002 年	增减%	正餐			快餐		
				2003 年	2002 年	增减%	2003 年	2002 年	增减%
全 国	**196**	**191**	**2.6**	**117**	**114**	**2.6**	**69**	**68**	**1.5**
东 部	105	105		45	46	-2.2	54	53	1.9
中 部	54	53	1.9	49	48	2.1	5	5	
西 部	37	33	12.1	23	20	15.0	10	10	

4—9 东中西部限额以上连锁餐饮企业自有配送中心数

（按业态分）

单位：个

地 区	2003 年	2002 年	增减%	正餐			快餐		
				2003 年	2002 年	增减%	2003 年	2002 年	增减%
全 国	**133**	**132**	**0.8**	**76**	**77**	**-1.3**	**48**	**48**	
东 部	76	77	-1.3	33	35	-5.7	38	38	
中 部	30	29	3.4	26	25	4.0	4	4	
西 部	27	26	3.8	17	17		6	6	

4—10 东中西部限额以上连锁餐饮企业非自有配送中心数

（按业态分）

单位：个

地 区	2003 年	2002 年	增减%	正餐			快餐		
				2003 年	2002 年	增减%	2003 年	2002 年	增减%
全 国	**63**	**59**	**6.8**	**41**	**37**	**10.8**	**21**	**20**	**5.0**
东 部	29	28	3.6	12	11	9.1	16	15	6.7
中 部	24	24		23	23		1	1	
西 部	10	7	42.9	6	3	100.0	4	4	

4—11 六经济区限额以上连锁餐饮企业配送中心数

（按业态分）

单位：个

地区	2003年	2002年	增减%	正餐			快餐		
				2003年	2002年	增减%	2003年	2002年	增减%
全 国	**196**	**191**	**2.6**	**117**	**114**	**2.6**	**69**	**68**	**1.5**
华 北	63	63		47	47		15	15	
东 北	8	9	-11.1	4	5	-20.0	4	4	
华 东	57	55	3.6	24	23	4.3	28	27	3.7
中 南	31	31		19	19		12	12	
西 南	18	14	28.6	11	8	37.5	5	5	
西 北	19	19		12	12		5	5	

4—12 六经济区限额以上连锁餐饮企业自有配送中心数

（按业态分）

单位：个

地区	2003年	2002年	增减%	正餐			快餐		
				2003年	2002年	增减%	2003年	2002年	增减%
全 国	**133**	**132**	**0.8**	**76**	**77**	**-1.3**	**48**	**48**	
华 北	29	30	-3.3	16	16		12	13	-7.7
东 北	7	8	-12.5	4	5	-20.0	3	3	
华 东	45	43	4.7	22	22		19	18	5.6
中 南	25	25		17	17		8	8	
西 南	11	10	10.0	7	7		2	2	
西 北	16	16		10	10		4	4	

4—13 六经济区限额以上连锁餐饮企业非自有配送中心数

（按业态分）

单位：个

地区	2003年	2002年	增减%	正餐			快餐		
				2003年	2002年	增减%	2003年	2002年	增减%
全 国	**63**	**59**	**6.8**	**41**	**37**	**10.8**	**21**	**20**	**5.0**
华 北	34	33	3.0	31	31		3	2	50.0
东 北	1	1					1	1	
华 东	12	12		2	1	100.0	9	9	
中 南	6	6		2	2		4	4	
西 南	7	4	75.0	4	1	300.0	3	3	
西 北	3	3		2	2		1	1	

4—14 大中小城市限额以上连锁餐饮企业配送中心数

（按业态分）

单位：个

地 区	2003年	2002年	增减%	正餐			快餐		
				2003年	2002年	增减%	2003年	2002年	增减%
全 国	**196**	**191**	**2.6**	**117**	**114**	**2.6**	**69**	**68**	**1.5**
大城市	127	123	3.3	67	65	3.1	54	54	
中城市	69	68	1.5	50	49	2.0	15	14	7.1
小城市									

4—15 大中小城市限额以上连锁餐饮企业自有配送中心数

（按业态分）

单位：个

地 区	2003年	2002年	增减%	正餐			快餐		
				2003年	2002年	增减%	2003年	2002年	增减%
全 国	**133**	**132**	**0.8**	**76**	**77**	**-1.3**	**48**	**48**	
大城市	94	94		49	50	-2.0	39	40	-2.5
中城市	39	38	2.6	27	27		9	8	12.5
小城市									

4—16 大中小城市限额以上连锁餐饮企业非自有配送中心数

（按业态分）

单位：个

地 区	2003年	2002年	增减%	正餐			快餐		
				2003年	2002年	增减%	2003年	2002年	增减%
全 国	**63**	**59**	**6.8**	**41**	**37**	**10.8**	**21**	**20**	**5.0**
大城市	33	29	13.8	18	15	20.0	15	14	7.1
中城市	30	30		23	22	4.5	6	6	
小城市									

4—17 35城市限额以上连锁餐饮企业配送中心数

（按业态分）

单位：个

城市	2003年	2002年	增减%	正餐			快餐		
				2003年	2002年	增减%	2003年	2002年	增减%
合计	**127**	**123**	**3.3**	**67**	**65**	**3.1**	**54**	**54**	
北京	27	27		17	17		9	9	
天津	6	6		2	2		4	4	
石家庄									
太原	2	2		1	1		1	1	
呼和浩特									
沈阳									
大连	7	9	-22.2	3	5	-40.0	4	4	
长春									
哈尔滨	1			1					
上海	5	5		5	5				
南京	4	4					4	4	
杭州	9	9		4	4		5	5	
宁波	1	1		1	1				
合肥	3	3		2	2		1	1	
福州	2	2					2	2	
厦门	4	3	33.3	1	1		2	2	
南昌									
济南	1	1					1	1	
青岛	3	3		2	2		1	1	
郑州									
武汉	6	6		5	5		1	1	
长沙	3	3		1	1		2	2	
广州	5	5		2	2		3	3	
深圳	5	5					5	5	
南宁									
海口									
重庆	8	5	60.0	8	5	60.0			
成都	5	5					5	5	
贵阳									
昆明	3	2	50.0	1	1				
西安	3	3		2	2				
兰州	4	4		3	3		1	1	
西宁	1	1							
银川									
乌鲁木齐	9	9		6	6		3	3	

4—18　35城市限额以上连锁餐饮企业自有配送中心数

（按业态分）

单位：个

城　市	2003年	2002年	增减%	正餐			快餐		
				2003年	2002年	增减%	2003年	2002年	增减%
合　计	**94**	**94**		**49**	**50**	**-2.0**	**39**	**40**	**-2.5**
北　京	14	15	-6.7	6	6		7	8	-12.5
天　津	5	5		2	2		3	3	
石家庄									
太　原	2	2		1	1		1	1	
呼和浩特									
沈　阳									
大　连	6	8	-25.0	3	5	-40.0	3	3	
长　春									
哈尔滨	1			1					
上　海	5	5		5	5				
南　京	3	3					3	3	
杭　州	9	9		4	4		5	5	
宁　波	1	1		1	1				
合　肥	1	1		1	1				
福　州	2	2					2	2	
厦　门	4	3	33.3	1	1		2	2	
南　昌									
济　南									
青　岛	3	3		2	2		1	1	
郑　州									
武　汉	6	6		5	5		1	1	
长　沙	3	3		1	1		2	2	
广　州	4	4		2	2		2	2	
深　圳	2	2					2	2	
南　宁									
海　口									
重　庆	4	4		4	4				
成　都	2	2					2	2	
贵　阳									
昆　明	3	2	50.0	1	1				
西　安	3	3		2	2				
兰　州	3	3		3	3				
西　宁	1	1							
银　川									
乌鲁木齐	7	7		4	4		3	3	

4—19　35城市限额以上连锁餐饮企业非自有配送中心数

（按业态分）

单位：个

城市	2003年	2002年	增减%	正餐			快餐		
				2003年	2002年	增减%	2003年	2002年	增减%
合计	**33**	**29**	**13.8**	**18**	**15**	**20.0**	**15**	**14**	**7.1**
北京	13	12	8.3	11	11		2	1	100.0
天津	1	1					1	1	
石家庄									
太原									
呼和浩特									
沈阳									
大连	1	1					1	1	
长春									
哈尔滨									
上海									
南京	1	1					1	1	
杭州									
宁波									
合肥	2	2		1	1		1	1	
福州									
厦门									
南昌									
济南	1	1					1	1	
青岛									
郑州									
武汉									
长沙									
广州	1	1					1	1	
深圳	3	3					3	3	
南宁									
海口									
重庆	4	1	300.0	4	1	300.0			
成都	3	3					3	3	
贵阳									
昆明									
西安									
兰州	1	1					1	1	
西宁									
银川									
乌鲁木齐	2	2		2	2				

STATISTICAL YEARBOOK OF CHINA RESTAURANTS IN CHAIN

连锁餐饮企业按门店排序

连锁餐饮企业按门店排序

（2003年）

500-600个（1家）
内蒙古小肥羊餐饮连锁有限公司
400-499个（1家）
天津市桂发祥十八街麻花总店
200-299个（2家）
重庆小天鹅饮食文化（集团）有限公司
重庆市德庄饮食文化有限公司
100-199个（4家）
重庆苏大姐餐饮文化有限公司
沈阳市小土豆餐饮有限公司
上海肯得基有限公司
北京肯德基有限公司
50-99个（18家）
昆明大滇园美食有限公司
北京麦当劳食品有限公司
浙江肯德基公司
百胜餐饮（沈阳）有限公司
天津狗不理包子饮食集团公司
广东肯德基有限公司
江苏大娘水饺餐饮有限公司
广东三元麦当劳食品有限公司
马兰拉面快餐连锁有限责任公司
天津肯德基有限公司
上海新亚大包有限公司
深圳肯德基有限公司
南京肯德基有限公司
广州市广州酒家
上海必胜客有限公司
常州市丽华快餐有限公司
厦门市妙香食品有限公司
青岛肯德基有限公司
30-49个（14家）
麦当劳餐厅（深圳）有限公司
中国北京全聚德集团有限责任公司
北京美大星巴克咖啡有限公司
上海华联麦当劳有限公司
厦门同安区银祥食品有限公司
百胜餐饮武汉有限公司

30-49个（14家）
北京禾谷园连锁经营有限公司
北京合兴隆快餐发展有限公司
四川德克士食品有限公司
苏州肯德基有限公司
深圳面点王饮食连锁有限公司
重庆陶然居风味饮食文化娱乐有限公司
武汉麦当劳餐饮食品有限公司
北京必胜客比萨饼有限公司
20-29个（19家）
天津麦当劳食品有限公司
上海永和大王餐饮有限公司
广州市绿茵阁发展有限公司
天津德克士食品开发有限公司
南京麦当劳餐饮食品有限公司
北京永和大王有限公司
杭州知味观
天津耳朵眼炸糕公司
上海振鼎鸡实业发展有限公司
厦门肯德基有限公司
广州东山区大西豪快餐公司
百胜餐饮（成都）有限公司
无锡市肯德基有限公司
兰州金鼎牛肉面连锁有限公司
上海乔家栅小吃世界有限公司
重庆德克士食品开发有限公司
长沙肯德基有限公司
沈阳麦当劳餐厅食品有限公司
浙江麦当劳有限公司
10-19个（33家）
武汉市小蓝鲸管理有限公司
天津市食为天粮油便民连锁公司
四川德阳谭氏餐饮连锁有限公司
宝鸡市渭滨复兴麻辣粉专营店
厦门麦当劳食品发展有限公司
浙江五芳斋实业公司五芳斋粽子
四川麦当劳餐厅食品有限公司
厦门无名子餐饮有限公司

续表

10-19个（33家）	10-19个（33家）
福州肯德基有限公司	太原肯德基有限公司
苏州市朱鸿兴饮食有限公司	北京郭林家常菜食品有限责任公司
大连肯德基有限公司	天津市鸿起顺餐饮有限公司
湖南麦当劳(餐厅食品)有限公司	湖州正方食品有限公司
上海你我他快餐食品有限公司	滨州市粮油供应公司
北京老家快餐有限责任公司	福州麦当劳餐厅食品有限公司
北京功德福餐饮有限公司	武汉甜蜜蜜饮食发展有限公司
昆明江氏兄弟桥香园过桥米线连锁公司	许昌市喜洋洋餐饮有限公司
武汉三五酒店管理有限公司	昆明饮食公司建新园
大连麦当劳餐厅食品有限公司	北京罗杰斯有限公司
自贡市蜀江春餐饮食品有限公司	连云港小武凉皮
南京刘长兴饮食有限责任公司	北京好伦哥餐饮有限公司
上海人家餐饮管理有限公司	

STATISTICAL YEARBOOK OF CHINA RESTAURANTS IN CHAIN

连锁餐饮企业按营业收入排序

连锁餐饮企业按营业收入排序

（2003年）

30亿元以上（1家）

内蒙古小肥羊餐饮连锁有限公司

10-30亿元（1家）

上海肯得基有限公司

5-10亿元（9家）

浙江肯德基公司

北京肯德基有限公司

重庆小天鹅饮食文化（集团）有限公司

沈阳市小土豆餐饮有限公司

重庆市德庄饮食文化有限公司

天津肯德基有限公司

北京麦当劳食品有限公司

广东三元麦当劳食品有限公司

南京肯德基有限公司

1-5亿元（43家）

中国北京全聚德集团有限责任公司

上海必胜客有限公司

苏州肯德基有限公司

广东肯德基有限公司

上海华联麦当劳有限公司

深圳肯德基有限公司

百胜餐饮武汉有限公司

天津麦当劳食品有限公司

北京必胜客比萨饼有限公司

天津市桂发祥十八街麻花总店

上海美林阁餐饮经营管理有限公司

无锡市肯德基有限公司

麦当劳餐厅（深圳）有限公司

武汉麦当劳餐饮食品有限公司

青岛肯德基有限公司

广州市广州酒家

厦门肯德基有限公司

南京麦当劳餐饮食品有限公司

上海新亚大包有限公司

重庆苏大姐餐饮文化有限公司

百胜餐饮（成都）有限公司

武汉市小蓝鲸管理有限公司

深圳面点王饮食连锁有限公司

1-5亿元（43家）

百胜餐饮（沈阳）有限公司

武汉三五酒店管理有限公司

常州市丽华快餐有限公司

重庆陶然居风味饮食文化娱乐有限公司

昆明大滇园美食有限公司

宁波汉通餐饮发展有限公司

北京顺峰饮食娱乐有限公司

江苏大娘水饺餐饮有限公司

北京合兴隆快餐发展有限公司

浙江麦当劳有限公司

四川德克士食品有限公司

厦门麦当劳食品发展有限公司

天津德克士食品开发有限公司

宁波市江东向阳渔港餐饮发展有限公司

天津市鸿起顺餐饮有限公司

四川麦当劳餐厅食品有限公司

长沙肯德基有限公司

武汉湖锦酒店

杭州知味观

太原江南大酒店

5000-10000万元（36家）

武汉亢龙太子酒轩有限责任公司

广州市越秀区东海海鲜酒家

南昌市西湖区独一处海鲜城

贵州雅园饮食娱乐有限公司

湖北三五醇酒店

沈阳麦当劳餐厅食品有限公司

北京永和大王有限公司

北京美大星巴克咖啡有限公司

广州市羊城幸运楼海鲜酒家

天津狗不理包子饮食集团公司

北京万龙洲饮食有限责任公司

大连肯德基有限公司

安徽省金满楼饮食集团有限责任公司

福州肯德基有限公司

上海永和大王餐饮有限公司

天津耳朵眼炸糕公司

续表 1

5000-10000 万元（36 家）
马鞍山市塞纳河畔发展有限责任公司
杭州楼外楼饭店
北京郭林家常菜食品有限责任公司
福州麦当劳餐厅食品有限公司
厦门同安区银祥食品有限公司
北京市九头鸟酒店管理有限责任公司
安徽麦当劳(餐厅食品)有限公司
北京马兰拉面快餐连锁有限责任公司
马鞍山市梦都餐饮发展有限责任公司
广州市黄埔区华苑酒家
太原肯德基有限公司
湖南麦当劳(餐厅食品)有限公司
重庆德克士食品开发有限公司
广州市绿茵阁发展有限公司
四川德阳谭氏餐饮连锁有限公司
陕西竹园村餐饮有限责任公司
武汉艳阳天商贸发展有限公司
北京东安饮食公司
杭州张生记酒店
武汉市梦天湖娱乐有限公司

3000-5000 万元（24 家）
大连麦当劳餐厅食品有限公司
北京燕莎萨拉伯尔餐厅有限公司
北京金鼎轩酒楼有限责任公司
北京小土豆餐饮管理有限公司
北京渝信紫龙餐饮有限公司
北京好伦哥餐饮有限公司
武汉凯威啤酒屋有限责任公司
兰州菜根香工贸有限公司
北京罗杰斯有限公司
江西省家常饭饮业服务有限公司
北京大三元酒家有限公司
山东麦当劳（餐厅食品）有限公司
兰州金鼎牛肉面连锁有限公司
北京功德福餐饮有限公司
上海乔家栅小吃世界有限公司
北京星期五餐饮有限公司
上海振鼎鸡实业发展有限公司

3000-5000 万元（24 家）
杭州新丰餐饮经营公司
武汉市醉江月饮食服务有限公司
哈尔滨东方饺子王连锁经营有限责任公司
珠海市香洲叠石有限公司
安徽蜀王饮食服务有限责任公司
深圳大快活快餐有限公司
北京禾谷园连锁经营有限公司

1000-3000 万元（57 家）
青岛麦当劳(餐厅)食品有限公司
浙江五芳斋实业公司五芳斋粽子
厦门市舒友海鲜大酒楼有限公司
北京北方红子鸡餐饮有限公司
天津大圆碗食品有限公司
上海莫师乔家栅饮食有限公司
北京阿一鲍鱼酒家有限公司
珠海新海利实业发展有限公司
西安服务集团股份有限公司老孙家饭店
广州市东北人企业有限公司
杭州万家灯火酒店
武汉市凤凰楼酒店
广州东山区大西豪快餐公司
宜昌市沙龙宴餐饮有限公司
大连合兴快餐有限公司
北京苏浙酒楼有限公司
沈阳麦当劳(中国)有限公司
北京达美乐比萨饼有限公司
上海荣邦炸鸡连锁店
乌海市蓝梦商贸有限公司
上海你我他快餐食品有限公司
北京半亩园快餐有现公司
平顶山市香山大酒店
杭州九百碗连锁餐饮公司
宝鸡市向阳餐饮有限责任公司
湖南金太阳大酒店
湖北明星酒店有限责任公司
北京龙城丽华快餐有限公司
大连新东方美食城有限公司
北京御香苑饮食有限责任公司

续表 2

1000-3000 万元（57 家）
贵阳赤水情饮食有限公司
乌鲁木齐市百富商贸有限公司
昆明饮食公司建新园
无锡市王兴记有限公司
天津市小肥羊餐饮有限公司
北京市四川饭店
天津市食为天粮油便民连锁公司
北京鼎鼎香餐饮有限公司
北京兴华明华快餐有限责任公司
杭州名人名家酒店
深圳市元绿回转寿司饮食有限公司
北京老家快餐有限责任公司
苏州老妈美食有限公司
武汉甜蜜蜜饮食发展有限公司
北京兴华隆福寺小吃有限责任公司
淄博泉香阁酒楼有限公司
自贡市蜀江春餐饮食品有限公司
大同市同和发展有限责任公司
广东省肇庆市德州牛仔快餐有限
新疆百花村快餐连锁经营有限责任公司
台山市旺角大酒店有限公司
武汉市大帝酒楼
南京泛荣面点煌饮食连锁有限公司
洛阳新虹天府饮食服务有限公司
郴州得月楼酒店
南京刘长兴饮食有限责任公司
大同市老大同饭庄

500-1000 万元（33 家）
北京康康快餐娱乐有限公司
上海人家餐饮管理有限公司
保定玉兰香饮食有限公司
广州市蒙地卡罗餐饮有限公司
长冶市联众商贸发展有限公司
野力南海渔港大酒家有限公司
青岛京苑实业发展有限公司
怀化华光食府
宝鸡市渭滨复兴麻辣粉专营店
上海莫师饮食管理有限公司
西安小六汤包餐饮有限责任公司
西宁旺仔餐饮有限公司
滨州市粮油供应公司
许昌人家
厦门无名子餐饮有限公司
北京纪助快餐公司
武汉乐福园美食有限责任公司
湖州正方食品有限公司
北京市苏州街燕兴大酒楼
南昌市西湖区好口福风味小吃城
宜昌红星饮食有限公司
青岛锅贴有限公司
乌鲁木齐市三田商贸有限公司
厦门市新佳美快餐食品有限公司
长春市王记美食有限公司
宁波市来必堡餐饮有限公司
昆明江氏兄弟桥香园过桥米线连锁公司
广州市越秀区阳光香肉美食家
临沂市朱老大食品有限公司
许昌市喜洋洋餐饮有限公司
波哥心(兰州)食品有限公司
北京老家技术发展有限公司
舟山市华必和饮食发展有限公司

附录

STATISTICAL YEARBOOK OF CHINA RESTAURANTS IN CHAIN

主要统计指标解释

连锁餐饮业主要统计指标解释

1．连锁企业（活动单位）的概念和指标解释

连锁企业（或称连锁店、连锁公司）：指在核心企业或总店的领导下，由分散的、经营同类商品或服务的企业或活动单位，采取共同方针，实行集中采购和分散销售的有机结合，通过规范化经营，实现规模效益的经济联合组织形式。一般连锁店应由若干个分店组成。其经营特征：（1）经营同类商品；（2）使用统一商号；（3）统一采购配送，采购与销售相分离（部分商品可根据物流合理和保质保鲜原则由供应商直接送货到门店，其余均由总部统一配送）。

连锁经营的本质是：采购与销售相分离，集中采购，分散销售，通过规范化经营，实现规模效益。

连锁门店包括下列二种形式：

（1）**直营连锁**：也叫正规连锁。连锁门店均由总部独资或控股开设，在总部的直接领导下统一经营。

（2）**加盟连锁**：也叫特许连锁。各连锁门店（被特许人）通过合同形式，取得使用总部（特许人）商标、商号、经营技术和销售总部开发的商品的特许权，各连锁门店均为独立法人，但无自主经营权，统一接受总部指导。

连锁店总店（总部）：指连锁店的核心企业或管理中心。

连锁店分店：指连锁店所属各分散经营的企业或活动单位，也可称分店或成员店。

门店数：指该连锁企业所拥有的全部连锁门店数量，包括总店（如果总公司有门店的话）和全部直营分店、加盟分店数。其中，总店作为一个直营店处理，直营店+加盟店=合计。此外，有的地方区分出控股店，控股店按直营店统计。

营业面积：指零售企业或餐饮企业按建筑面积计算的直接对顾客销售商品的固定场地和供顾客用餐的餐厅营业面积和从事食品加工、烹饪、调制的厨房面积，不包括办公室、仓库、加工场地等面积。

从业人数：指在该连锁企业工作并取得劳动报酬的全部人员数。包括在岗职工、再就业的离退休人员、在该企业工作的外方人员、港、澳、台方人员、兼职人员、借用的外单位人员和第二职业者。不包括离开本单位但仍保留劳动关系的职工。从业人数包括总店和全部门店以及自有配送中心的从业人员数。

配送中心：是连锁企业的物流机构，承担着各门店所需商品的进货、库存、分货、加工、集配、运输、送货等任务。配送中心主要为本连锁企业服务，也可面向社会。如本企业没有配送中心而是利用本企业以外的物流中心配送，可不填自有配送中心数、配送中心面积和运输车辆，但应填统一配送

比重。

统一配送比重：指统一配送的商品金额（按购进价计算）与全部商品购进总额之比。其中，自有配送中心配送比重指由本连锁企业的配送中心配送的商品比重，非自有配送中心配送比重指由第三方物流配送的商品比重。其中直营店和加盟店栏的配送比重指由总部统一配送的比重或接受统一配送的比重，而不是直营店和加盟店对外的配送比重。

营业收入：是按含税价计算。

零售额：指售予城乡居民直接用于生活消费和社会集团用于公共消费的商品的价值总额。全部是含税价计算。

利润总额：指企业全年实现的利润。包括营业利润、投资净收益以及营业外收支净额。

资产总额：包括流动资产合计、长期投资、固定资产合计、无形及递延资产合计、其他长期资产。

负债总额：包括流动负债和长期负债。流动负债指企业将在一年或超过一年的一个营业周期内偿还的债务。包括短期借款、应付票据、应付帐款、预收帐款、其他应付款、应付工资、应付福利费、未交税金、未付利润、其他未交款、预提费用、一年内到期的长期负债、其他流动负债等。长期负债指偿还期在一年或超过一年的一个营业周期以上的债务。

2．零售业态和餐饮行业的解释

正餐：指提供各种中西式炒菜和主食，并由服务员送餐上桌的餐饮服务。包括各种中式正餐和西式正餐。

快餐：指服务员不送餐上桌，由顾客自己领取食物的一种自我服务的餐饮活动。包括各种中式快餐和西式快餐。

茶馆：以现场提供现场消费茶饮料为主，兼卖各式点心和小食品。包括各种茶艺馆、茶楼、茶铺等。

咖啡馆：以现场制作现场消费咖啡饮料为主，兼卖各式点心和小食品。包括各种咖啡馆、咖啡厅、咖啡屋等。

酒吧：以出售各种酒及酒精饮料为主，兼卖各式点心和小食品。

3．连锁业统计的有关规定

（1）利润总额、资产总额和负债总额三项指标，由总公司和统一财务核算的直营店汇总填报，加盟店由于与总公司没有资产关系，一般是独立法人，故加盟店不填报利润总额、资产总额和负债总额三项指标。此外，该三项指标全部是财务指标，是不含税价计算的。

（2）限额以上连锁餐饮业：是指该连锁企业的全部门店的营业收入合计达到限额标准的。

（3）连锁年报和半年报上由限额以上连锁餐饮业的总公司或总店或外资企业的中国总部填报。

（4）老字号开出的自称是特许连锁店，但实际上不规范管理也不统一配送的，统一配送比重按零处理。